ケアの実践とは何か

現象学からの質的研究アプローチ

西村ユミ
Yumi Nishimura
榊原哲也
Tetsuya Sakakibara
編著

ナカニシヤ出版

まえがき

本書は、看護を中心としつつも広く多様な「ケア」の営みに、質的なアプローチを行い、その豊かな実践の諸相を明らかにしようと試みた諸論考を収めた書物である。いわゆる「質的研究」にはいくつかの方法論があるが、本書では、質的研究の方法は、考察される事象そのものの方から定まってくるという立場がとられている。探求の方法が、探求される事象そのものの方から定まるという考え方は、第一章「現象学と現象学的方法」で述べられるように、「現象学」という哲学本来の精神であるので、その意味では、本書に収められた多くの諸論考は、既存の現象学的哲学を参照していないものも含め、広い意味で、あるいは語の本来の意味で、「現象学的」なアプローチによってケアの実践の諸相を明らかにしたものということができる。また、「現象学」という哲学は、経験の意味に着目し、それを改めて問い直し、普段は自覚していない意味経験の成り立ちを、記述分析によって明らかにしようとするが、第二章「ケアの実践を記述すること／自らの視点に立ち帰ること」で述べられるように、本書第三章以降に収められた諸論文は、看護師や養護教諭などの「ケア」にかかわる実践者が、自らの実践、あるいは自らの専門領域の実践を改めて捉え直し、これまで自覚していなかった次元から、自己の実践にかかわる意味現象がいかに生み出されているのかを問い、実践の意味の成り立ちを開示しようと試みているので、その意味でも、これらの諸論考は「現象学的」な方法態度によるものだといってよいだろう。「現象学」とはどのような哲学なのか、また「現象学的」な方法態度による実践の記述・探求とはどのようなものなのかといった、方法論についての詳細は、前述の第一章と第二章を参照していただきたいが、ここではまず、この書物が生まれた経緯について、記しておきたい。

本書第三章から九章までの諸論考の執筆者たちは全員、立命館大学大学院応用人間科学研究科修士課程の修了者であり、寄せられた論考の多くは、修士論文をもとにしたものである。立命館大学大学院応用人間科学研究科は、二〇〇一年四月に開設され、臨床心理と対人援助（人間形成、家族・社会、発達・福祉など）の領域にかかわる多くの社会人が、大学院生として学んできている。編者の一人榊原は、その開設当初から「応用人間科学特論」という科目のもと、二〇一二年度まで毎年、「看護の現象学」ないしは「ケアの現象学」をテーマとする授業を行ってきた。また編者西村は、二〇〇三年度から毎年この授業の最終回にゲストスピーカーとして講演を行い、さらに二〇〇七年度から二〇一三年度までは「応用人間科学特論演習」を担当し、受講者たちの修士論文指導に当たってきた。本書第三章から九章に寄せられた諸論考の執筆者たちはすべて、榊原と西村の授業の受講者であり、寄稿された論考は、彼らの立命館大学における研究の成果である。

榊原はもともと、哲学としての「現象学」の研究者であり、看護師でも医師でもなく、ケアの実践に関してはずぶの素人である。しかし、応用人間科学研究科の「看護の現象学」、「ケアの現象学」の授業を担当するようになって、さまざまなケアの現場で働く受講者たちと接するようになり、ケアの営みの豊かさに魅せられてしまった。授業では第一章「現象学と現象学的研究」に記した内容を講義したあと、ベナーとルーベルの『現象学的人間論と看護』をテキストとして演習（講読とディスカッション）を行ったが、この授業は、ベナーとルーベルのテキストに触発されて現場の経験を語り出す受講者と、現象学について解説する榊原との、互いの学び合いの場となった。これは、極めて貴重な、何ものにも代えがたい経験であった。

編者西村と榊原との出会いも、この授業である。授業では当初から、ベナーとルーベルのテキストの講読を行った後、最後に、この書物に批判的なコメントを行った西村の『語りかける身体』を取り上げていたのだが、「どうせならご本人に来ていただき、直接お話を伺おう」と考え、思い切って招いたのが、その後、一五年近くにわたり、今も続く研究交流の始まりであった。本書には二人の研究交流の成果の一端である、「対話」という手法を用いた共著論文も収められている。

西村は、看護学を専門とするが、立命館大学大学院では、質的研究の講義と演習を担当した。そのかかわりは、ゲストスピーカーとして四年間、修士論文の指導として六年間、計一〇年間にもなる。このかかわりで特に驚かされたのは、大学院生の皆さんの熱意である。研究をすることが、それぞれの院生の生き方や人生、その歴史と深くかかわり、ゼミナールでの問いはこれらを問うことにもなっていた。だからこそ、熱かったのかもしれない。人生経験が豊富な大学院生たちが経験していること、そしてその課題に触れ、むしろ西村の方が、人生における研究の位置づけとその意味を学ばせてもらったように思う。研究の作法を教え、事象の分析等を淡々と行う西村の姿勢は、彼らとは対照的だったのではないか、と今になって思う。その意味で、本書は教員である西村にとって、研究の意味を問い直す作業にもなっていた。

本書の構成は以下のとおりである。

第一章、第二章ではまず、現象学的研究の方法論が明らかにされる。そもそも「現象学」とはどのような哲学なのか、また看護や広くケアに関する現象学的研究とはどのようなものなのかが明らかにされ（第一章）、さらに現象学的研究にとってその中心となる「記述」の営みがどのようなものであるのかについて、解説がなされる（第二章）。

続く第三章以降では、看護、助産、リハビリ、養護など多様なケアの実践の諸相が、広い意味で現象学的な方法態度において明らかにされる。「現象学」という哲学にあまり馴染みのない読者は、第三章以降から読み始めていただいたほうが、入りやすいだろう。各論文についての解説は、第二章で行われている。

第一〇章は、編者二人が、それぞれの研究をベースにして、往復書簡のような「対話」を通して行った共同研究の一つの試みである。このような共同執筆は、看護研究においても現象学研究においてもほとんど前例がみられないが、執筆した二人にはそれぞれに新たな発見があり、実り豊かな経験となった。誰もが行える研究の形式ではないかもしれないが、このような「対話」という形の共同研究も、看護と現象学とが相互に学びあう現象学的看護研究として成り立ちうるということを、読者の方々には知っていただきたいと思い、本書に収めることにした。すでに現象学的看護研究に馴染んでいる読者や、哲学としての現象学に関心をもつ読者には、興味深いことと思う。

榊原哲也／西村ユミ

目次

第一章　現象学と現象学的研究

榊原哲也

一　はじめに

本書には、自らの実践や関心において「ケア」という営みを見つめ、それをめぐる自然科学的・医学的なものの見方や、従来の理解の枠組みをできる限り棚上げしつつ、事象そのものに即して、「ケアの実践」を明らかにしようとした諸論考が収められている。既存の理解の枠組みをひとまずいわば「カッコに入れ」、「事象そのもの」を見つめ直す態度は、広い意味で「現象学的」と呼ばれるが、本章ではまず、本書の諸論考の多くが明確に、あるいは潜在的に「方法」ないし「態度」としてベースにしている「現象学」について、概説することを試みたい。現象学を用いたケアの「現象学的研究」（いわゆる「現象学的アプローチ」）はこれまで、主として看護研究の分野において展開されてきた経緯があるので、以下では「看護研究」に焦点を合わせて「現象学」という哲学について概説し、これまでの「現象学的看護研究」の一般的な特徴を描き出すことを目指したい。そのことを通じて、今後の「現象学的研究」の一つの方向性をも示すことができれば、幸いである。

さて、看護研究は大きく「量的研究」と「質的研究」とに分けられ、本章で論じる「現象学的研究」は、「民族誌学（エスノグラフィー）」、「グラウンデッド・セオリー・アプローチ（GTA）」、「アクションリサーチ」、「ナラティヴリサーチ」などと並んで、「質的研究」の一つとして位置づけられることが多い[1]。けれども、ナラティヴリサーチのなかには数値を扱うものがあり、また量的研究のある部分は質を扱うなど、探求される事象そのものに応じて、量的研究と質的研究はその境界が曖昧になることもあるのが実情である。そのため、本章では、この区分を前提とせず、以下のように、自然科学的なものの見方との対比において、「現象学」という哲学とそれをベースにした「現象学的研究」の特徴を際立たせることを試み、そのなかで他のいわゆる質的研究法との違いについても若干のことを述べることにしたい。

二　疾患と病い[2]

自然科学的なものの見方との対比において、「現象学」および「現象学的研究」の特徴を際立たせようとする場合、「疾患（disease）」と「病い（illness）」の区別についてまず考察すると、理解しやすくなる。パトリシア・ベナーとジュディス・ルーベルは共著『現象学的人間論と看護』のなかでこれら二つを次のように区別している。

「疾患」＝「細胞・組織・器官レヴェルでの失調の現われ」
「病い」＝「能力の喪失や機能不全をめぐる人間独自の体験[3]（human experience）」

これは、アーサー・クラインマンらが提示した区別[4]を受けたものであるが、「疾患」が検査によって得られた数的データに基づいて医学的に診断されるものであると考えてよいのに対して、「病い」とはその「疾患」を患者がどのような意味合いで経験しているか、というその意味経験（「体験」）であり、これは「疾患」とは似て非なるものである。例えば、同じがん疾患にかかったとしても、まだ若く子供も小さく働き盛りの人と、すでに子が成長し自身もリタイアしている高齢者とでは、がん宣告は異なった意味をもちうるだろう。つまりがんという疾患にかかったことによる「病い」の体験は人によって、またその人がどのような状況に置かれ、どのような経験を経てきたかなどによって、異なるのであり、この体験としての「病い」は検査データから直接、一義的に捉えられるようなものではない。また、人は何らかの「疾患」にかかっていながら自分が「病んでいる」と感じていないことがありうるし、逆に「疾患」を治療すれば自動的に「病い」が消えるというわけでもない。

[1] 例えば、ホロウェイとウィーラー（二〇〇六）を参照。
[2] 本節から第四節までの論述には、榊原（二〇一七）の一部と重なる部分があることをお断りしておく。
[3] ベナーとルーベル（一九九九：ix、一〇）。illness は、邦訳では「病気」と訳されているが、本章ではより広く用いられている「病い」という訳語に統一する。訳者のご寛恕を乞う。
[4] この区別は、のちにクラインマン（一九九六）において詳しく展開された。四頁以下を参照。

医師は、検査データをもとに「疾患」を特定、診断し、その治療、完治を目指す。しかし、看護という営みにおいては「疾患」のみならず、以上のような患者の「病い」体験をも理解しなければ、十分なケアが成り立たないことは、現場の看護師であれば、日々の営みのなかで身をもって感じていることであろう。このことは医学的なものの見方だけでは、看護ケアの営みが成り立たないことを示しているのである。

それでは「病い」体験を理解するにはどのような見方が必要なのだろうか。そのことを理解するためにも、まずは医学的なものの見方の特徴を明らかにしておきたい。

三　自然科学（医学）的なものの見方はどのような特徴をもつのか

現代の西洋医学は近代に成立した自然科学に基づいているといってよいが、自然科学はおおよそ、「自然現象の変化を、諸事物に共通な計量可能な因子を用いて記述する」、そのような方法に基づいている。計量可能な因子とは、例えば物理学でいえば、距離、時間、質量、温度、体積等の「物理量」である。自然科学としての物理学は、計測されたこれらの数値を用いて、たとえば物体の落下という物理現象を$y=f(x)$という関数の形に表し、これを「自然法則」として捉えるのである（cf. 山本 一九八八：一〇〇-一〇二）。

社会科学においても、計測・計量されたデータを重視し、数学的統計的な処理によって社会現象をとらえようとする立場が有力である。いわゆる「量的研究」の立場であり、看護における量的研究も実はこうした立場に基づいているのであるが、先の自然科学にも社会科学の量的研究にも総じていえる、ここで注目すべき重要なことは、それらが「実証主義」の考え方——すなわち〈観察・計測・統計によって得られ、実際に検証が可能な知識こそ真に科学的で客観的な知識だ〉とする考え方（cf. 山本 一九八八：一〇三-一〇五）——に支えられている、ということなのである。

医療や看護の現場で、「エビデンス」の重視（evidence-based medicine / evidence-based nursing）が叫ばれて久しいが、この「エビデンス」も診察や検査や統計によって得られた、（必要な一定の手続きさえ踏めば原理的には誰にでも検証や再現が可能な）実証的データである。ここには、医療や看護もこのような実証的データに基づいてこそ、「科学的根拠に基づいた」医療や看護になりうるという実証主義の考え方が現われているのであり、誰にとっても、またいつどこでも変わらない（したがって条件さえ同じであればつねに再現可能な）「客観性」、「普遍性」が重視されているわけである。

無論、このことは否定されるべきものではない。実証的な検査データは、疾患を特定し診断するのに極めて重要で不可欠なものである。客観的なエビデンスが欠けていたら、看護ケアという営みは、単なる「主観的」な思い込みに堕してしまい、看護ケアにはならなくなってしまうだろう。けれども問題は、このような自然科学的・医学的な見方だけで十分な看護ケアが成り立つのかどうか、ということなのである。

四　体験（意味経験）と看護ケア

私たちは日常、さまざまな物事を経験し、さまざまな人びとに出会っているが、それらはそのつど種々の意味合いを帯びて、経験されたり出会われたりしている。例えば二度目の妊娠は、初めての妊娠とは異なった意味合いで体験されるだろうし、看護師の患者理解も、その患者に接するたびごとに、深められたり変化したりしていくことだろう。またすでに第二節で触れたように、二人の人ががん宣告を受けた場合、その受けとめ方、意味合いは、各人のものの見方やそれまでの経験、その人の置かれた状況に応じて異なりうるだろうし、さらに複数の看護師が同じ患者を理解しようとする場合も、その理解は看護師各々のものの見方やそれまでの経験に応じて微妙な異なりをみせることだろう。

ここで大事なのは、このような意味を帯びた体験は、数的な検査データに基づく自然科学的・医学的なものの見方によっては十分に捉えることができないということ、しかし看護ケアはまさにこの意味経験（体験）にかかわらざるをえないということである。「疾患」は人のものの見方やそれまでの経験、その人の置かれた状況などに応じて異なる「意味」を帯びて「病い」として体験されるのであり、この「病い」体験の理解こそが、患者理解のカギを握るのである。とすれば、実証主義的性格をもつ自然科学的・医学的なものの見方によっては十分に捉えられない「病い」体験の研究が重要かつ不可欠のものとなってくることは明らかであろう。

五　「意味」はどこから・いかにして生じてくるのか――「現象学」という哲学[5]

「現象学（Phänomenologie / phénoménologie / phenomenology）」と呼ばれる哲学は一般に、さまざまな「意味」を帯びて物事、人びとが経験されることを、「現象」（物事、人びとが意味を帯びて現われること）として捉えた上で、そうした意味現象がいかにして生じるのかを、意味現象のいわば手前の、人間存在の根本構造にまで遡って問おうとする。意味現象は先に「病い」に関して述べたように、実証的な数的データによっては捉えられないものであるから、数学的処理をベースとする自然科学によっては原理的に捉えることができない。そこで現象学は、自然科学とは別の仕方で、すなわち、意味現象を根本において成り立たせながらも、普段はそれと気づかれることなく働いている「意識の志向性」（フッサール）や、現存在の「気遣い」（ハイデガー）や、「身体的志向性」（メルロ＝ポンティ）などを哲学的に明らかにすることで、意味現象の成り立ちをその根本から明らかにしようとするのである。自然科学的・数学的には原理的に捉えることのできない私たちの経験の「意味」に着目し、そうした意味経験の成り立ち（すなわち意味経験の構造と発生）を、哲学的に捉えられる人間存在の根本構造の方から明らかにしようとする哲学が「現象学」なのであり、このような現象学の知見や方法を用いた看護研究が「現象学的看護研究」と呼ばれてきたのである。

グラウンデッド・セオリー・アプローチ（GTA）やナラティヴ・アプローチなども、実証的自然学

［5］本節から第八節までの内容は、榊原（二〇〇七）を改訂したものである。

的なものの見方によっては捉えられない「病い」体験を明らかにしようとするものではあるが、これらに対する「現象学的看護研究」の特徴は、そうした病いの体験（意味経験）を成り立たせている構造やその発生といった、日常はそれと気づくことのない経験の深層にまで遡っていき、現象学という哲学の知見と方法論に基づきつつ、これを解明しようとするところにある。

それでは「現象学」とは、どのような哲学なのだろうか。以下、フッサール、ハイデガー、メルロ＝ポンティという三人の代表的な現象学者について、その思想を概観してみることにしよう。また、各々の現象学が実際にこれまでどのように現象学的看護研究に活かされてきたのかについても、若干の例を挙げてそのつど指摘していくことにしたい。

六　フッサール——意識の志向性と態度

フッサール（Edmund Husserl, 一八五九–一九三八）は生涯にわたって何度か自らの思想を大きく展開／転回したことで知られるが、それらを貫いて彼の現象学的思索の根底には、ある事象を見つめる眼差しがある。ここでは、哲学的厳密さより一般の読者にとっての理解しやすさを考慮して、その事象を次のように表現してみたい。

①意識に実際に与えられている「与件」と、それが何かとして捉えられているその「意味」との間にはつねにズレがある。

②意識に与えられる同じ「与件」が、場合によって、また人によって異なる「意味」の何かとして捉えられることがある。

フッサールによれば、こうした事態が生じるのは、意識に何かが現象してくるその手前で、それと自覚されることなく意識がつねに何らかの「態度」をとり、「志向性（Intentionalität）」（意識に与えられる与件を何らかの意味あいのものとして捉えようとする意識の働き）を働かせているからである。この意識の態度や志向性の働きを見つめるために、彼は、日常の関心、態度を差し控える「現象学的エポケー（カッコ入れ）[6]」を「方法」として提唱する。この方法によって対象にストレートに向けられていた関心が遮断されることで、意識に「与件」として何がありのままに与えられているのか、それがどのような意味合いのものとして意識に現象しているのかに目を向けることができるようになる。現象学的エポケーによって、われわれ人間がつねに意識の志向性によって彩られた「意味（Sinn）」の世界に生きていることが自覚化され、そうした意味現象の手前で働いている意識の「志向性」や「態度」を自覚的に明らかにし記述する営みが可能になるわけである（現象学的エポケーは、われわれをありのままの意識現象へと連れ戻す（re-dūcere）という意味で、「現象学的還元（phänomenologische Reduktion）」とも呼ばれ、現象学的エポケー・還元を遂行する意識の態度は「現象学的態度」と呼ばれる）。

[6]「エポケー」は古代ギリシア語で、判断を差し控えること（判断中止）を意味する。何らかのことがらについて判断を差し控えることによって、そのことがらをいわば「カッコに入れる」のである。

ここでは、意識の志向性と態度をめぐるフッサールの膨大な分析のなかから、自然的（人格主義的）態度と自然科学的態度との違いに関する分析にだけ、若干言及しておこう。

フッサールによれば、日常の「自然的態度」においてはさまざまな価値を帯びた「道具」や「作品」、一個の「人格」を具えた人物として捉えられる同じ意識与件が、「自然科学的態度」においては「物質的事物」や「人体」として捉えられる（フッサール 二〇〇一、二〇〇九）。医師が自分の子と戯れる場合と、その子を診察する場合との違いを考えれば、このことは容易に理解されるだろう。

けれどもフッサールの思索が進むにつれて明らかになったのは、この二つの態度が単に異なるだけではないということ、自然科学的態度は、もともと歴史のなかで自然的態度に基づいて「間主観的」に形成されたものであるのに、その後私たち（とりわけ学者たち）の意識のうちに「先入見」として深く沈殿し、結果として「生活世界（Lebenswelt）」という自然的態度の地盤が忘却されてしまったということであった。最晩年のフッサールはこの事態を学問の「危機」と捉え、この危機を乗り越えるために、〈われわれの意識に深く沈殿した自然科学的なものの見方をいったんはエポケー（カッコ入れ）し、自然的態度における生活世界の意味をもう一度見つめ直す「現象学的態度」〉が必要であることを説いたのである（フッサール 一九九五）。

ところでこの点は、看護ケアの営みを理論化するうえでも、重要な視点を与えてくれるように思われる。というのも、以上のようなフッサールの洞察に基づけば、医師が患者を医学的に診察し治療するときの態度は、患者が自宅や病室で生活を送る際の自然的態度とは全く異なる自然科学的態度であること、これに対して看護師は、医学的知識に基づきつつも患者を生活の具体的現場でケアするのであるから、自然科学的態度のみならず、患者と同じ自然的態度の視点に立つことも必要であること、にもかかわらず医学に基づく実証的自然科学的な側面の強い看護学教育を受け、それに即して看護実践をしてきたことによって、看護師の意識には知らず知らずのうちに医師と同じ自然科学的態度で患者を見る習慣が沈殿していることが、明らかになるからである。ケアの現場において看護師は、自らの自然科学的な見方を必要に応じてエポケー（カッコ入れ）して現象学的態度をとり、患者が具体的な生活の場で病気や日常生活のさまざまな出来事や自分の人生をどのような意味合いで受け止めているかを理解したうえで、いわば自然科学的態度と自然的態度とを行ったり来たり往復することが切に求められる。フッサール現象学はこのことを、意識の志向性への洞察に基づいて理論的に明らかにしているといえるのである。

「心理学的現象学」のレヴェルでの「現象学的還元」を用いて、医師のとる「自然主義的（自然科学的）態度」と患者がとっている「自然的態度」との相違を際立たせ、両者にとっての「病いの意味」の違いを明らかにしたトゥームズの『病いの意味――看護と患者理解のための現象学』（二〇〇一）は、主としてフッサール現象学に基づいて「病い」体験を明らかにした優れた現象学的研究の一例である。

七　ハイデガー――現存在の気遣い

ハイデガー（Martin Heidegger. 一八八九－一九七六）の現象学は、フッサールが顕わにした〈生活世界における人間の志向性の働き〉の根本を、「気遣い（Sorge）」としてさらに具体的に解明したものと位置づけることができる。

『存在と時間』（ハイデガー 二〇〇三）によれば、「現存在（Dasein）」（ハイデガーは各自の人間存在のことをこう呼ぶ）は生きている限り、自分の在り方、生き方に対してそのつど態度をとっていかざるを得ない「実存（Existenz）」という在り方をしており、また「世界内存在（In-der-Welt-sein）」であることによって、つねに何らかの気分に浸されつつ（被投性）、自分と世界を了解し、未来に向けて何かを企てる（企投）、可能性に開かれた存在者である。このような現存在の存在の仕方は、もとより自然科学によっては十分に捉えきることができない。現存在は、このような在り方において、未来を先取りしつつ、意味的連関をなすさまざまな「道具」に意を配り（配慮的気遣い）、「他者」を慮り（顧慮的気遣い）、結局のところ自分自身を気遣いながら、他者と共に存在している。「気遣い」こそは現存在を現存在たらしめているものなのである。

日常、現存在は道具や他者を気遣うがゆえに、道具や他者のほうから自分を了解して本来の自分を見失い「頽落」して「世人（das Man）」の状態になっている。しかし「不安」という根本気分のなかで、自分や世界の存在の根拠のなさを自覚した現存在は、誰にも代わってもらうことのできない自分自身の死を先取り（先駆）しつつ決意することで、本来の自己に目覚めるとハイデガーは説く。「先駆的決意性」こそが本来的な気遣いなのである。

こうした気遣いは、未来を先取りしつつ、過去の自分を引き受けつつ、ものごとを現在において自らに出会わせる働きとして、その可能性の根拠を「時間性（Zeitlichkeit）」のうちにもっている。「時間性」に基づく「気遣い」がどのように未来を先取りするかに応じて、また過去をどのように引き受けるかによって、道具や他者や自己はそのつど異なった「意味」を帯びて現在の自分に現れるわけである。

ハイデガーはこうして、〈そのつどの状況において、意味連関を具えた道具的世界（フッサールいうところの「生活世界」）のなかを、未来を先取りしつつ自分の過去を引き受けながら、気遣いつつ生きる「実存」としての人間の在り方〉を明らかにした。またそのなかで、他者への顧慮的気遣いには、〈他者の気遣うことがらをその他者に代わって引き受ける〉タイプの気遣いと、〈他者の気遣うことがらをその他者が自ら出来るよう手本を示し援助する〉タイプの気遣いという、両極の可能性があることをも明らかにし、後者こそ他者への「本来的気遣い」だと説いたのである。

ところで、ベナーとルーベルの看護理論[7]（ベナー・ルーベル 一九九九）は「気遣い」を看護実践にとって第一義的なものと位置づけ、その看護理論を支える人間観として、さらに「背景的意味」、「状況」、「時間性」といった諸概念を中核とする現象学的人間観を提示するが、これらの諸概念はすべて、以上のようなハイデガーの現象学から、ドレイファスの解釈（ドレイファス 二〇〇〇）を通じて受容されたものである。ベナーとルーベルは、ハイデガーの「気遣い」を〈何か・誰かが大事に思われること〉と捉えて看護理論の基礎におき、ハイデガーが挙げた他者への顧慮的気遣いの二つ目の可能性、すなわち〈他者の気遣うことがらをその他者が自ら出来るよう手本を示し援助する〉タイプの気遣いを、〈他者がこうありたいと思っている在り方でいられるよう、その人に力を与えるような関係〉として、「看護関係の究極目標」と位置づけるのである。[8]

[7] ベナーとルーベルの現象学的看護理論について詳しくは、榊原（二〇〇五）、榊原（二〇〇八）、および榊原（二〇一七）を参照。

[8] ベナーとルーベル（一九九九：五五-五六）。また田村（二〇一〇）も、ベナーとルーベルの現象学的人間観とそれに基づく看護理論に根ざした看護実践の記録として読むことができる。

八　メルロ=ポンティ——身体的志向性

メルロ=ポンティ（Maurice Merleau-Ponty, 一九〇八–一九六一）の現象学は、フッサールとハイデガーの現象学を独自の仕方で継承し、生活世界における人間の「世界内存在」の在り方を、「身体的主体」、「身体的実存」として捉えることによって、身体的主体の志向性の働きを明らかにしたものと特徴づけることができる。

彼は『知覚の現象学』（メルロ=ポンティ 一九六七、一九七四）において、フッサールの「生活世界」を、あらゆる科学的説明以前に身体的主体によって「生きられている世界（le monde vécu）」と位置づけ、またフッサールの後期発生的現象学においてとりわけ明らかになった意識の受動的志向性に注目して、これを、「世界内存在（l'être au monde）」する身体的主体すなわち「身体的実存（l'existence corporelle）」の「作動志向性（l'intentionnalité opérante）」として捉え直す。メルロ=ポンティによれば、「作動志向性」は、判断や意志的態度決定など主体の能動的な「作用志向性」の底で、それを可能にするものとしてつねにすでに作動している志向性である。作動志向性によって、世界は、認識作用によって能動的に定立され認識されるのに先立って、つねにすでに身体的主体によって「生きられている世界」として前述定的に与えられているのである。

メルロ=ポンティはこうした志向性の働きを明らかにするべく、「幻肢」などの症例をもとに身体の在り方を現象学的に分析し、身体が「現在の身体（le corps actuel）」と「習慣的身体（le corps habituel）」という二つの層をもつ在り方をしていることを明らかにする。現在の身体からはすでに消えている切断された身体部位が、習慣的身体の層においては「過去になりきってしまわない古い現在」として残っているがゆえに、「幻肢」は起こるのであり、したがって、身体が新たな習慣を獲得し、「身体図式（schéma corporel）」の組み替え・更新が行われることによって、「幻肢」は消失するのである。

身体のこの二つの層の区別はさらに、身体的実存の人格的側面と非人称的・一般的側面との区別にも重ねられていく。私はこの身体を具えて世界の内に一個の人格として生きているわけだが、実は私の人格的身体的実存を支えているのは、匿名の非人称的・前人称的な身体的実存であって、それが私の人格的生活の下で「生得的複合体（complexe inné）」の役割を果たしているとされるのである。

私の身体が前人称的な生得的側面あるいは非人称的で一般的な習慣的側面をもつということは、私たちの身体が個々人でばらばらなのではなく、互いに交流しあっていることを意味する。すでにフッサールが『イデーンⅡ』で指摘したように、私の右手が左手に触れるとき、触れるものと触れられるものとの関係は容易に反転するが、メルロ=ポンティはこの関係が、私の手が他人の手に触れたときにも成り立つことを見てとった。私たちの身体はそれと自覚されることなく、すでに互いに交流しあっているのであり、私たちの間には「身体的間主観性」ないし「間身体性（intercorporéité）」が成立している。互いに交流しつつつねにすでに身体が志向性を働かせているからこそ、私たちは物事、人びとを「意味」を帯びたものとして経験するのである。

こうしたメルロ=ポンティの身体の現象学が、看護ないしケア理論に多くの貢献をなしうることは、すでに以上の概観からも察せられるだろう。ベナーとルーベルの現象学的人間観を構成する「身体に根ざした知性」という概念は、以上のようなメルロ=ポンティの身体の現象学から取られたものだが、彼女たちは例えば、メルロ=ポンティの「習慣的身体」の考え方に基づいて、いまだ身体に残り続けている欠損・損傷部位の身体的記憶が義肢の使用の習得に恵みをもたらすことを指摘している。また我が国では西村ユミが、いわゆる「植物状態」の患者への看護実践の在り方、植物状態患者と看護師との「はっきりとは見てとれない」交流関係を、メルロ=ポンティの「間身体性」の思想を手がかりにして、理論的に明らかにしていることが注目されるだろう（西村 二〇〇一）。

九　さまざまな現象学的看護研究

現象学は以上のように、思想の展開のなかで、自分や他者をありのままに認識するために自然科学的なものの見方や種々の先入見をエポケー（カッコ入れ）する方法ないし態度を提示しただけでなく、〈そのつどの状況のなかで、未来を先取りしつつ過去を引き受けながら、身体に根ざして志向性を働かせつつ、気遣いながら他者と共に生きることで、物事や人びとをさまざまな意味合いで経験していく人間の在り方〉についての見方を提供してきた。そしてそれらがこれまで、看護や「病い」の体験の現象学的研究、さらにそれらを支える方法論にさまざまな形で取り入れられてきたのである。

このような、これまでの「現象学的研究」は、以下の二つの系統に分類することができるように思われる。

①患者の「病い」体験ないしその意味をその人が体験しているがままにありのままに認識し理解しよ

うとするために、現象学的エポケーの遂行や現象学的態度を求めるもの

②病いを体験している患者やその家族、そして彼らにケアという仕方でかかわる看護師の在り方を理解し解釈するために、そもそも人間という存在者がどのような在り方をしているのかについて現象学に知見を求めるもの

①は、フッサールの現象学的認識論の精神を受け継いだものであり、②は、ハイデガーやメルロ＝ポンティの現象学的存在論の知見に依拠するものとみることができる。[9] ①に属する主なものは、ジオルジの研究法[10]や、第六節で触れたトゥームズによる医師と患者の病いの捉え方（認識の仕方）の違いに関する

［9］「認識論」とは、物事や人びとから成る世界がいかにして、またどこまで理解され認識されるのかを問う哲学の一部門であり、「存在論」とは、物事や人びとから成る世界がどのような在り方をしているのか、そもそも存在とは何かなどを問う哲学の一部門である。認識論と存在論というこの区別にしたがえば、フッサールは、いかなる仕方で世界が意味を帯びて意識に現象し認識されるのかを明らかにしようとして、〈世界がありのままに現象する意識〉への現象学的還元を遂行したうえで、この意識の志向性の構造を解明する現象学的認識論を展開したといえるし、他方、ハイデガーやメルロ＝ポンティは、意味を帯びた世界を現象せしめている人間の気遣いや身体の在り方を解明する現象学的存在論を展開したということができる。それゆえ認識論と存在論というこの区別は、フッサール、ハイデガー、メルロ＝ポンティらの現象学の方向性の違いを理解する、一つの有効な指標である。
　ただし、認識論と存在論とは問いの方向こそ異なるものの、その区別は必ずしも絶対的なものではないということに注意しなければならない。認識論は物事や人びとについての認識を問うことによって、認識された物事や人びとの在り方を明らかにすることになるし、また存在論も、とりわけ人間の在り方を問うことによって、人間の認識の仕方を明らかにすることになる。したがって、両者の区別は、研究において、認識と存在のどちらに関心の優位がおかれるか、というまさにその点にあり、両者の営みは最終的には相互補完的であるべきである。

［10］ジオルジ（一九八一、二〇〇四、二〇一三）を参照。

現象学的研究（トゥームズ二〇〇一）である（ただしトゥームズの研究は、患者の病いの捉え方を明らかにする際にメルロ＝ポンティの現象学的身体存在論が参照されており、②の要素も含まれている）。

②に属する主な研究は、第七節で触れたベナーとルーベル『現象学的人間論と看護』（一九九九）や、第八節で言及した西村ユミ『語りかける身体』（二〇〇一）、さらにトーマスとポリオ『患者の声を聞く』（トーマス・ポリオ二〇〇六）などである（ただしトーマスとポリオの研究は、「カッコに入れるための面接（bracketing interview）」というフッサール的方法を用いるなど、①の要素も含まれている）。

しかし、以上のような認識論的な研究と存在論的な研究とは、互いに相容れないものではない。哲学としての現象学においてすでにそうであるように、看護や病い体験の現象学的研究においても、両者は、どちらに重きがあるかということであって、最終的には相補的であるべきものなのである[11]。

一〇　方法は「事象」そのものの方から

現象学的研究は総じて、自然科学的ないし医学的な見方に対して距離を取り、そうした見方では見落とされてしまう直接的な「生きられた経験」（体験）に立ち返って、この「意味」を帯びた体験の成り立ちを解明しようとするところから始まる。それは広い意味で現象学的エポケーないし還元の遂行といえるものであり、このような態度は広い意味で「現象学的態度」と呼ばれうる。しかし、注意しなければならないのは、これまでの現象学的研究がその内容も方法も多様であったことが端的に示しているように、意味を帯びた生きられた経験（体験）へとアプローチする「方法」は、見つめられているその「事象」

がどのようなものであるのかによって異なり、「事象」そのものの方から定まってくる、ということである（榊原二〇一一）。本章では、「現象学」という哲学を展開した代表的な現象学者三人の思想を概説し、それらを参照したこれまでの「現象学的研究」の代表的なものをいくつか指摘したが、「事象」によっては、その事象の成り立ちを明らかにするために別の思想、とりわけ一般には「現象学」とは呼ばれないような思想や理論が参照されることも大いにありうるだろう。例えば、分野の異なる四人の看護師へのインタビューをもとに看護の営みの諸相を明らかにした村上靖彦の『摘便とお花見』（村上二〇一三）では、それぞれの看護の営みという「事象」に即した仕方で、実にさまざまな思想が参照されつつ、しかしそれらの思想の応用ではない仕方で、事象そのものの解明がしなやかかつ大胆に展開されているし、[12]本書に収められた諸論考も、いわゆる既存の「現象学」の枠に収まるものではない。これら諸論考をご覧いただければ、「現象学的研究」が、看護に限らず、広くケアの営み一般に対して試みられうるものであることも、理解していただけるだろう。また、共編者西村ユミと筆者が試みたような、看護の営みという事象と現象学の概念との「対話」という形での、看護と現象学とが相互に学びあう現象学的研究の新たな可能性も見届けていただけることと思う。今後、「事象」そのものに促され導かれた、さまざまなケアの営みに関する多様な「現象学的」研究が出てくることが期待されるが、筆者は、そうした現象学的研究が、哲学としての現象学そのもののさらなる展開にも繋がっていくことを信じて疑わない。

［11］前出注［9］を参照。また、榊原（二〇一一）も参照。
［12］そうした開かれた現象学的研究の方法論を展開したものとして、松葉・西村（二〇一四）を参照。

【文　献】

クラインマン、A（一九九六）『病いの語り――慢性の病いをめぐる臨床人類学』、誠信書房

榊原哲也（二〇〇五）「死生のケアの現象学――ベナー／ルーベルの現象学的看護論を手がかりにして」、『死生学研究』二〇〇五年春号、八三-九八

榊原哲也（二〇〇七）「現象学とは何か――看護ケア理論における現象学的アプローチの理解のために」、『緩和ケア』、第一七巻第五号、三八六-三九〇

榊原哲也（二〇〇八）「看護ケア理論における現象学的アプローチ――その概観と批判的コメント」、『フッサール研究』、第六号、九七-一〇九（http://www2.ipcku.kansai-u.ac.jp/~t980020/Husserl/vol.6_2008/Sakakibara.pdf）

榊原哲也（二〇一一）「現象学的看護研究とその方法――新たな研究の可能性に向けて」、『看護研究』、第四四巻第一号、五-一六

榊原哲也（二〇一七）「死生のケアの現象学」、『医療・介護のための死生学入門』、清水哲郎・会田薫子［編］、東京大学出版会

ジオルジ、A（一九八一）『現象学的心理学の系譜』、早坂泰次郎［監訳］、勁草書房

ジオルジ、A（二〇〇四）「看護研究への現象学的方法の適用可能性」、『看護研究』増刊号、第三七巻第五号、四九-五七

ジオルジ、A（二〇一三）『心理学における現象学的アプローチ――理論・歴史・方法・実践』、吉田章宏［訳］、新曜社

田村恵子（二〇一〇）『余命18日をどう生きるか』、朝日新聞出版

トゥームズ、K（二〇〇一）『病いの意味――看護と患者理解のための現象学』、永見　勇［訳］、日本看護協会出版会

トーマス、S・ポリオ、H（二〇〇六）『患者の声を聞く――現象学的アプローチによる看護の研究と実践』、川原由佳里［監修］／松本　淳［訳］、エルゼビア・ジャパン

ドレイファス、H（二〇〇〇）『世界内存在――『存在と時間』における日常性の解釈学』、門脇俊介［監訳］／榊原哲也・貫　成人・森　一郎・轟　孝夫［訳］、産業図書

西村ユミ（二〇〇一）『語りかける身体――看護ケアの現象学』、ゆみる出版

ハイデガー、M（二〇〇三）『存在と時間』Ⅰ、Ⅱ、Ⅲ、原　佑・渡邊二郎［訳］、中央公論新社
フッサール、E（一九九五）『ヨーロッパ諸学の危機と超越論的現象学』、細谷恒夫・木田　元［訳］、中央公論社
フッサール、E（二〇〇一、二〇〇九）『イデーンⅡ』一、二、立松弘孝・別所良美・榊原哲也［訳］、みすず書房
ベナー、P・ルーベル、J（一九九九）『現象学的人間論と看護』、難波卓志［訳］、医学書院
ホロウェイ、I・ウィーラー、S（二〇〇六）『ナースのための質的研究入門――研究方法から論文作成まで 第二版』、野口美和子［監訳］、医学書院
松葉祥一・西村ユミ［編］（二〇一四）『現象学的看護研究：理論と分析の実際』、医学書院
村上靖彦（二〇一三）『摘便とお花見――看護の語りの現象学』、医学書院
メルロ＝ポンティ、M（一九六七）『知覚の現象学Ⅰ』、竹内芳郎・小木貞孝［訳］、みすず書房
メルロ＝ポンティ、M（一九七四）『知覚の現象学Ⅱ』、竹内芳郎・木田　元・宮本忠雄［訳］、みすず書房
山本　信（一九八八）『哲学の基礎』、北樹出版

第二章　ケアの実践を記述すること／自らの視点に立ち帰ること

西村ユミ

一　実践を問い直すこと

本書では、看護師や養護教諭などの「ケア」にかかわる実践者が、自らの実践、あるいは自らの専門領域の実践を改めて捉え直し、その意味を探究することが目指された論文を紹介する。実践の問い直しとともに、これまで自覚していなかった事柄を探究するという意味で、本書に掲載する論文の多くは、「現象学的」であるといえるだろう。本章では、執筆者らが関与してきた実践を改めて問い直すことがいかなる営みであったのか、またそれはどのような〝方法〟によって行われたのかを紹介する。

看護師や養護教諭たちは、病いや障害を負った者のいのちや、子ども・児童・生徒の心身の健康、人びとが生きることや、日常の暮らしそのものに課題をもった者に手を差し伸べている。これらは、他者に対する関心とその支援を柱とした実践といえるだろう。しかし、その実践は容易ではない。そもそも、こうした実践には、一つの正しい答えがあるわけではない。援助が必要な者がより良い状態になることを目指しつつも、その意味は文脈によって異なる可能性をもつ、きわめて状況依存的な営みである。例えば、支援が過剰になれば支援という営みの目的を裏切り、あえて何もせずに支援を受ける者の傍らにいることが支援になることもある。そのため実践者は、自身の実践を問うて自分を責めたり、その営みや支援を受ける者とのかかわりが、引っかかりを残す経験や心の傷となったりすることがある。

他方で、執筆者らは自らの実践に充実感や魅力を感じ、被支援者である他者たちの困難に引き寄せられていく。その実践の充実を同僚や後輩に伝えようとするため、さらにより良い実践を求めるため、教育的なかかわりも生み出されているのであろう。一人ひとりの実践や日常的なやりとりがすでに、教育的な意味を含みもっていることもある（前田・西村 二〇一二）。

この、一見両義的な実践はいかなる営みであり、そこでは何が起こっているのだろうか。また、何が彼らを他者に惹きつけ続け、その関係のなかでケアはいかに成り立っているのだろうか。これまで他者に向けられていた関心を、看護師や養護教諭たち自身の実践の方へと向け返し、それを捉え直すことが本書の試みの目的であるが、ここでは、その試みがいかに行われたのかを、二つの方法に関する議論とその意義の検討を通して詳らかにしたい。

まず、そもそも何が彼らを捉え直しという作業に向かわせたのか、その向かうことを生み出した背景とそれに支えられた取り組みを一つの方法として考察する。次いで、その問い直しをもとにした成果へと至るプロセス、言い換えると、研究の具体的な方法に関する議論が二つ目の課題である。最後に、個別の実践経験に基づいた研究が、いかなる意味をもつものでありうるのかを検討したい。

二　問いが生まれる

本書の執筆者たちは、日常的に他者に関心を向け、いのちや生活にかかわる課題に対応をしている。それがスムーズに行われているとき、あるいは、それを懸命に行わざるをえない多忙な状況等々においては、自らの実践を問い直したり、その実践が如何なる営みであるのかを自覚する機会は少ない。これはケアという、他者に関心をもつ営みが構造的にもっている特徴であるといえる（西村 二〇一一）。

しかし、彼らはある事柄を契機に、自分の実践は「このままでいいのだろうか」という問いをもった。助産師である戸田は、死産というお産を支援した経験と、その際に妊婦へかけた言葉を繰り返し問うていた。それが当事者にとっていかなる意味をもつ言葉であったのか、という問いが、戸田を捉えて離さない。同時に死産であっても、出産時には、まるで子どもの生がそのまま続いているかのような交流が生まれることもある。それを産婦に教えられ、むしろ自身の先入見を問われる経験もしていた。また尾崎は、高齢の女性の看取りに立会い、その際の自らの態度やまなざしに問題を見出す。その問いは、実践を続けるなかで解消されるというよりも、何らかのわだかまりを沈殿させ、尾崎を後悔させる。自分がしてきた実践は、目の前にいるその人へのかかわりというよりも、起こっている急変などにうまく対応することを目指した営みではなかったか。

このように、自身がかかわった妊婦や患者の存在、そしてそこでの自身の実践を、彼らは問い続ける。「私の実践は、言葉かけは、相手にとっていかなる意味をもっていたのか」と。その問いは、実践を続ければ続けるほど、その実践自体のなかで繰り返し彼らに浮かび上がり、それゆえその意味を探究せざるをえなくなる。実践自体に問いかけられ自らの実践を捉え直す契機となるのだ。解釈学的現象学を日本に紹介したベナーの言葉を借りると、これは「範例」（ベナー二〇〇五：七-八）と呼ばれる実践となりうる。ベナーは「印象深い」、「特別な経験」は実践の範例となり、その経験者である看護師の認識を変えたり、臨床知を生んだり、看護ケアを生み出したりすると述べている。本書の執筆者たちのように、幾度もその経験が思い出され、にもかかわらず問いに応じることが難しい場合、本書での試みのような方法を介することによって、彼ら／私たちの範例になっていく可能性がある。その意味で、本書での作業は、ある経験を範例として形づくっていく試みであるともいえる。

このような大きな困難を抱えながらもなお、その実践を続ける者たちも多い。そこにある種の魅力があり、充実感が伴うためであろう。これを言語化して伝えたいが、実践が日常的でありすぎて、それを紹介する言葉をもたない。その言葉での表現の不足が、彼らを自らが関与する実践へと向かわせる。籔内の取り組みがこれにあたる。彼女は看護師の離職が問題視されている現状を示しつつ、他方で、自身もそうであったように、多くの看護師たちが何十年にもわたって働き続けていることに注目する。この現状から、自分たちが長年、看護実践の場に身を置き続けているのは、何によってであるのかを、一人の看護師の経験をもとに捉え直そうとする。

自身の養護教諭の経験を捉え直したのは、大西である。彼女は、自身のかかわりを通して、保健室を訪れるが何も語らなかった女子中学生が、自らの経験を語り始めるという変化の経緯を、メルロ＝ポンティの身体論を手がかりに解釈することを試みた。積極的に学生に関与するのではなく、むしろ何も言わずに傍らに居続けるという大西の実践が、学生との関係性をいかに拓いていったのかが見出されている。

加えて、数十年にわたる実践が、自身に何をもたらしているのかを問うたのは村井である。村井は、四〇年に及ぶ自らのリハビリテーション看護を振り返り、そこで出会った中途障害者の事例を紹介することを通して、我々人間が障害を抱えながらも生き続けることの意味を探ろうとする。それ自体が、彼女が看護実践を通して、問い、問われ続けてきたことであった。四〇年間と一言で言っても、その実践は多様であり、同時にその経験者の人生の歴史そのものでもある。看護師として働くことが自分の歴史であり人生であること、これを何らかの形として残していくことに使命を感じることが、村井に記述を始めさせた。

しかし、自らの実践の特徴は掴み難い。それが彼らの最初の課題であったが、ここで共編者である榊原が前章で論じた現象学が意味をもつ。榊原が述べている通り、我々はさまざまな意味現象を形づくっているが、そうした意味現象は、それが生まれる手前で、「意識の志向性」(フッサール)や現存在の「気遣い」(ハイデガー)、「身体的志向性」(メルロ=ポンティ)が「普段はそれとして気づかれることなく働いている」。この普段は気づいていない次元が私たちの営みを成り立たせている可能性があること、だがしかし、そうした次元の経験であるが故に、単に、自覚される次元を振り返っても、うまく言葉にならない。本書における実践の問い直しにおいて「現象学」が意味をもつのは、この普段は気づいていない次元から、自己の実践にかかわる意味現象がいかに生み出されているのかを問うこと、およびそれを開示することにより、その経験の理解にある程度近づくこと、これを実現するための道筋や態度を与えてくれるためである。

あわせて、前述では、意識に上る（生まれる）手前の次元から、その経験や実践を捉え直すことを現象学的研究の一つの意義として記したが、それ以外にも強調したい点がある。そもそも現象学は、我々の先入見ともなっている自然科学的な方法や見方を自覚し、それが見え難くしている生きられた経験を探究することを目指している。つまり、研究という営みにおいて、あるいは、自らの見方が極端に自然科学に依存しているがゆえに、事象を歪めて理解していたり、ケアという文脈であれば、相手の視点に立つことを重視しながらもそれがなされていないことに気づいた際に、自然科学の枠組みを棚上げして、経験や実践されていることそのものへと立ち帰ることが、まずは目指される。こうした取り組みは、現象学的方法と呼ばれ、現象学的態度に支えられている。

こうした態度を支えとして取り組まれた論考として、一宮と田野中の、患者や家族（親）の経験を探究した報告がある。一宮は、自身が看護師であった頃に、生体肝移植のドナーとなった家族にかかわった経験をもつ。その患者や家族たちの経験は、既存の医学的な視点、あるいは家族社会学の視点から探究された研究に収まりきらない複雑さを有している。それゆえ、既存の枠組みからではなく、ドナーの視点からの語りをもとに、彼らの関係や経験の意味を捉え直すことを試みている。また田野中は、統合失調症療養者である子をもつ親に注目する。こうした立場にある親は、ケア役割や親役割を担う人としてみられ、探究されてきた。しかし田野中は、その枠組みを棚上げし、親を一個人として位置づけ、子どもが精神疾患を発症した際の体験、特に、個人としての生活や精神的状態を探究して、彼らが求めている社会的支援について検討した。

このように、本書の執筆者たちは、現象学的態度をもって、実践とその捉え直しを試みていたといえる。同時に、その捉え直しから新たな問いが生まれていた。

こうした態度や方法を特徴とする現象学が適している研究については、大久保（二〇〇七）が具体的に示している。まずは、「日常のなかに埋もれている知を掘り起こす」ことが挙げられている。この点は、前述の内容と同様の「当たり前とされていることや、まだよくわかっていない現象を明らかにしていく」（大久保二〇〇七：一一〇）こととして紹介されている。次いで「脇に追いやられた人々の世界や当たり前にされてきたことに迫る」ことが挙げられる。この点については、解釈学的現象学を紹介しつつ、「あまりまだ知られていない経験をしている人たちにとっての意味を明らかにしていく」（大久保二〇〇七：一一〇）こととして、例えば、ＡＩＤＳ、同性愛、多発性硬化症等々を挙げる。「すでに知られていてもさらに理解を深めたい、あるいは、新しい解釈が求められている」場合にも適していると述べられる。この点は、科学的な見方を棚上げして、病いを患う者の経験を捉え直すことにも通じる視点であるといえる。

現象学が適している研究は、先行研究の検討からも見出される。そもそもなぜ現象学という思想を支えに研究をしていく必要があるのかは、説得性をもって論じておく必要がある（松葉・西村二〇一四）。そうでなければ、あえて「事象そのものへ」立ち帰る必要性がみえず、それゆえいかなる方法で事象へアプローチするのか、さらにいかなる視点や切り口を探していけばよいのかが不明瞭となる。これでは、どのように研究を進めてよいのかがわからない。いかなる視点から、どのような切り口で、いかなる次元の経験を問うのか。これは、先行研究の検討、特に、事象の特徴とそれを探究する方法とが適合しているのかを丹念に検討することから、見出されるであろう。

三　問いに応じる方法

三・一　インタビュー

ケアを行う者において浮かび上がってくる問いとして、まず議論されるのが、患者や子どもなどの相手の立場（パースペクティブ）から世界を理解し直すことである。専門家はその目的のために、医療や看護、養護の枠組みから患者や子どもたちの状態を理解しようとするが、その枠組みが相手の理解や相手に応じた実践を難しくしている可能性がある。入院している多くの患者たちと日常的に接してはいる。養護教諭として毎日、保健室にやってくる子どもたちと話をしてはいる。訪問看護として要介護者とされる人やその家族との交流もある。しかし、相手の言葉をじっくり聞き取る機会はそれほど多くはないだろう。よく考えると、じっくり経験を聴き取る時間は、ほとんどもちあわせていないかもしれない。そこで方法として求められるのが、個別のインタビューである。

他方で、その専門家たちが、患者や子どもたちとかかわることにおいて、何をしているのか、彼らの実践が、彼らの視点からいかに達成されているのかを問う際にも、インタビューは有効である。日常的にはケアや支援の相手の側に向けられた関心を、自らの方に向け返すことを、インタビューという機会は可能にする。実践には、はっきり自覚されていないことも多い。そのため、一度では十全に実践を言語化することは難しいであろう。複数回のインタビューは、幾度も自身の実践を振り返る機会を提供し、それによって、実践が輪郭を帯びてくることも期待される。

当時者の視点から語り出される経験を聞き取ること。この調査方法は、研究をする者の見方を棚上げし、その人の視点に立つという意味で、とても適した方法であると思われる。しかし、聞き取りの際に注意をしておくことが、いくつかある。

まず、非構造化、あるいは半構造化インタビューとするのには理由がある。研究の場合は、もちろん目的をもってインタビューを行うが、その目的にかかわることを焦点化して聴き取ることによって、研究者の枠組みを相手に押し付けてしまっている可能性がある。例えば「なぜ」という問いかけは、相手に理由を語らせる。しかし、語られようとしている経験には、明確な理由がない場合もある。あるいは、たくさんの質問項目を用意して、次から次へと質問をすると、語りの文脈が途切れてしまう可能性がある。語りの流れや出来事や言葉の連なりが重要である場合が多いが、質問‐答え、質問‐答えを繰り返すインタビューでは、その連なりはみえてこない。それゆえ、非構造化インタビューが選び取られることが多い。

次いで、ある症状、例えば「慢性的な痛み」に着目した研究の場合、それを中心に質問をすることで、必要以上に「痛み」がクローズアップされ、さまざまな文脈のなかでいかにこれが経験されているのか、いかなる〝意味〟をもつ事柄として経験されているのかがかえってみえてこなくなる。例えばメルロ＝ポンティ（一九七四）は知覚の成り立ちにおいて「地と図」という構造を記述しているが、痛みばかりを聞くことは、「図」にばかり注目することになったり、さらには、これまで自覚されていなかったことを、拙速に図として語らせることになったりする。それでは、文脈のなかで痛みがそれとして生み出される構造はみえてこない（西村・前田 二〇一一）。

そもそも、インタビューで語るという営み自体が日常的な実践ではないことにも注目したい。語り手から、たびたび「こんなに自分のことをじっくり話したことはこれまでなかった」という言葉を聞くが、この言葉がインタビューの特徴を端的に示しているといっていいだろう。つまり、インタビューはきわめて介入的な調査法であり、これまで自覚していなかった語り手の経験を、その場で生み出し、意味を更新させている可能性がある。

「インタビューはインタビューを受ける者が持っている社会的世界に関する記述を聞き出すのではなく、むしろ、積極的にインタビューを受ける者といっしょに記述する試み」（ブレア・ウッド二〇〇九：一六）というように、インタビューの文脈固有性も論じられている。語りは、その問いがなければ生まれなかった経験であるためだ。そもそもインタビューという場は、聞き手と語り手との対話の場として機能しており、メルロ＝ポンティも述べる通り、「私の言葉も相手の言葉も討論の状態によって引き出されるのであって、それらの言葉は、われわれのどちらが創始者だというわけでもない共同作業のうちに組み込まれてゆくのである」（一九七四：二一九）。つまり、インタビューでの語りは、聞き手と語り手が二人で共同して行った経験の更新の現われといえるだろう。こうした視点は、分析にも影響を及ぼす。問いとそれへの応答として生み出された事柄をデータとするわけなので、聞き手がいかに問うたのかをつねに分析の俎上に載せておく必要がある。例えば、内容の分類をするのではなく、会話の形式やその流れに注目した、いわゆる文脈のなかで現われる意味に注目した分析が求められる。そのため、当事者の経験のパースペクティブを重視する現象学的研究では、「〇〇という出来事について、できるだけ具体的にお話下さい」、「印象に残っている〇〇について、それがどのように起こり、その時何を感じていたのかを、できるだけ具体的に話して下さい」などの問いかけを最初にして、その後は、話の流れに応じて質問をしたり、話の舵を切ったりするという仕方でインタビューを行う。
これらが、現象学を手がかりとして経験を探究する場合の、インタビューの特徴とポイントである。

三・二　グループ・インタビュー

一対一のインタビューでは期待できないことを、グループでの語りから見出そうとする場合がある。本書内の研究（第三部西村・榊原論文）においても、経験を積んだ看護師たちによるグループ・インタビューが行われたが、その研究では、日常的に行っていることであるがゆえにはっきり言語化することが難しい実践を、同様の実践をしている者たちとの会話を通して、互いの実践の言語化を触発し、それを形づくっていくことが目指されている。

ヴォーンら（一九九九）によれば、フォーカス・グループ・インタビューは、「具体的な状況に即したある特定のトピックについて選ばれた複数の個人によって行われる形式ばらない議論」（ヴォーン他 一九九九：七）である。そして、この議論を通してそのトピックに対する「率直で、日常的な会話を作り出す」（ヴォーン他 一九九九：八）ことが目指される。言い換えると、そのトピックにかかわっている複数人が、インタビューの場でそれを議論すること自体が、それに関する日常的な会話を生み出すことを促すのである。さらにこの日常的な会話から、参加者の理解の仕方や感情、受け止め方、考え方なども導き出され、それがどのように導き出されるのかも把握することができる。

本書で紹介している著者の研究（第十章）におけるグループ・インタビューにおいても、同様の機能が期待されている。日々の実践において看護師たちは、チームで働き、頻繁に患者の状態やケアにかかわる議論をしている。勤務を交代するごとに行われる申し送りやカンファレンス、相談、情報交換等々がこれに相当する。グループ・インタビューは、こうした彼らの日常的な会話、そのスタイルが機能することを支えている。また、すでに述べてきた通り、看護という他者に関心を向ける実践においては、実践者が自らどのように動いているのかを自覚することは難しい。志向性（関心）はいつも他者である患者やその家族、同僚の看護師や医師などの、ともにケアや医療という実践を成り立たせている者に向けられ、協働実践や教育等々を成り立たせていく。その場から離れて、なおかつ同様の実践をしている者たちと自分たちの実践を語ることは、彼らの志向性を他者から自らの手元に置き戻し、自身自身の実践に関心を向ける契機をつくることになるのである。

研究目的にもよるが、グループ・インタビューにこのような機能をもたせるためには、参加者の選定の基準が問題になる。ヴォーンらは、「全ての参加者が類似の具体的な経験をしていることが重要である」と述べている。例えば、看護実践の探究が目的であれば、臨床経験年数が同じぐらいであったり、異動をした経験があるなどの条件で選ばれることにより、同様の経験をしている者がメンバーとなり、トピックに対する議論が可能になる。他方で、グループ・インタビューに参加した看護師たちも語っていたが、同じ職場で働いている者やあまりにも近すぎる者がグループ・インタビューのメンバーであると、愚痴を言ったり、予定を話したりしてしまう可能性がある。つまり、日常実践そのものになってしまうのである。このことから、少し距離がありつつも同様の経験をしている者という基準がほどよいといえるだろう。

さらに、自覚したり言語化し難い経験や実践を探究する場合は、一度のグループ・インタビューで十全に経験が語り出されることは期待できない。それゆえ、複数回のインタビューを計画することによって、インタビューと実践の循環を通して、言葉にならないことが輪郭をもつようになる。

こうしたグループ・インタビューの実用性をまとめると、以下の五点となる（ヴォーン他 一九九九：二〇）。

①相乗効果性：グループでの相互作用を通して、より広範なまとまったデータが現われる。
②雪だるま性：ある反応者の発言が、さらなる発言へと連鎖的反応を引き起こす。
③刺激性：グループでの議論そのものが話題についての刺激を産み出す。
④安心感：グループが安らぎをもたらし、率直な反応を促進する。
⑤自発性：参加者は全ての質問に答えるよう要求されているわけではないので、彼らの反応はより自発的で純粋である。

三・三 フィールドワーク・経験の振り返り

本書での研究には登場しないが、現象学的研究において、フィールドワークは重要な意味をもつ。フィールドワークが、研究者が研究をしようとしている場に住み込み、その場の習慣を身体化して理解しつつ、そこで起こっていることを書き留めていく実践であることも関与している。

例えば、人類学者の行うフィールドワークは、その場の言葉を習得し、ときに研究しようとしている事柄自体をも習得し、場合によってはフィールドで働いて収入を得て、暮らしを成り立たせながら、その場で起こっていくことを理解していく（小川 二〇一二）。まさに、協働して事象を作り出すなかで、その出来事の意味を探究していくのである。

執筆者の一人である筆者も、調査方法としてフィールドワークを取り入れることがあるが、生活そのものを調査地に移してはいても、そこで暮らしているわけではない。例えば、ある一定期間、調査先の病院の近くのホテルに泊まり、そこから看護師たちの朝の出勤時間に合わせて、まさに「出勤」することから調査を始め、次第にその場に馴染み、知り合いを増やし、ときに病院以外の場所でも交流し、調査先の文化を把握しつつフィールドワークを行う。フィールドワーク中に急遽、人の手が必要になったときなどは、その場の一員として医療実践の一部に参加をすることもある。これまで、患者さんの体位交換や清拭、移動などをともに実践してきた。それらを通して、そこでの実践の仕方や関心の向け方、情報の伝わり方や道具の使われ方などを知るのである。そこでは、いくつものすれ違いや驚きにも出会う。後ほど紹介する人類学者の菅原が語る、「異言語という底なし沼みたいなものに直面」（佐藤他 二〇一五：二四五）する経験とは違っているかもしれないが、ナースコールが鳴らなかったことに気づいた看護師の動きに振り切られて〝驚いた〟経験もある（西村 二〇一二）。こうした驚きが、フィールドワークを形づくる。

このように、私たちは人類学者の行うフィールドワークときわめて類似の経験をすることが多い。人の生の営みを、そのただなかに入り込みつつ身体化し、その場を観察していくという試みは、同時に、調査者自身が身体化している習慣や文化、研究に向かう態度や見方が問われる実践であり、この経験自体がきわめて現象学的でもある。

先に紹介した菅原は、南部アフリカの狩猟採集民であったグイ・ブッシュマンの研究を三〇年以上にわたって続け、この間、長期にわたって南部アフリカに滞在してフィールドワークを行ってきた。その成果は、多くの民族史として紹介されている。[1]弟子の佐藤によれば、菅原は「微に入り細を穿つ、徹底的な事実の記述」を行いつつ、「骨太な哲学的問題系」をその記述のなかに孕み、「個人的な文脈の記録」を織りまぜて語る。「リアリズムとラディカルな思想とが、その経験を生き・その問いを問うている「私」によってつながれている」（佐藤他 二〇一五：iii）民族史であり、菅原はこれを「フィールド哲学」としての人類学と提唱した。哲学といっても、「哲学者が創った概念を自分のフィールドにあてはめてその有効性を確認」（佐藤他 二〇一五：一九七）するに留まるのではなく、フィールドワークの成果から「哲学がいまだ創出していない新しい概念を掴みとる」（佐藤他 二〇一五：一九七―一九八）ことが目指される。現象学的研究においても、フィールドワークを通して、実践や経験の新たな構造や生成が見出されうる。その際、哲学の概念をあてはめるわけではない、という点、そしてその哲学の記述を超えていこうとする努力は、同じく重要な態度であろう。

加えて、「その経験を生き・その問いを問うている「私」」が取りあげられている点も、共通の関心事である。看護師や養護教諭などが行う研究においては、自らの関与する臨床の場をフィールドワークすることが多い。そこでは、フィールドワーカーである「私」がたびたび問われる。この臨床家のフィールドワークには、何らかの固有の意味があるのではないか、という問いをもちこれを論じたのは小宮（二〇〇〇）である。小宮は自身が修士課程において経験したこと、および二名の看護師の経験を紹介しつつ、そこに「私は何者なのか」というアイデンティティの揺らぎを見出だしている。これは、フィールドの看護師や患者から問いかけられるのと同時に、フィールドワークをしつつ自分自身に問いかける事柄でもある。かつて看護師であった「私」が、フィールドにおいて看護師ではなくなること、援助を求められたとしてもそれをしているスタッフのようには働けないこと、それがフィールドワーカーとなった看護師たちにとっては苦痛なのだという。しかし、彼らは、そこで「勤務していた時とは異なる、新たな地位と役割」（小宮二〇〇〇：二二二）を形成し、新たなアイデンティティを築いていくことが必要になる。「一旦揺らいだアイデンティティを再度、建て直していくプロセス自体が、調査活動の主要な部分」（小宮二〇〇〇：二二二）となり、これを周囲との相互作用を通して形成していく、と小宮はいう。それと同時に、フィールドワークを通して「患者に近い位置に立って、今度は看護者という仕事を眺めることになる。そこでは、これまで働いていているときにはまるで見えなかった看護者の姿が見えてくる」（小宮二〇〇〇：二二二）のである。これらを通して、「看護者にとって病院でフィールドワークするということは、単なるデータ収集に止まらず、フィールドワーカーという自分と看護者である自分が引き裂かれるような、かなり深刻な感情体験になる」（小宮二〇〇〇：二二三-二二四）。それゆえ、フィールドワーク体験は、「看護者という臨床家の再教育の機会ともなる」（小宮二〇〇〇：二二四）のであろう。ここに、臨床家が自らの専門とする場でフィールドワークをする固有の意味がみてとれる。

フィールドワークが現象学的研究において重要な実践であるのは、調査先で問うている事象が、これまでの研究者のもつ枠組みや世界の見方、先入見とは異なっている、驚きに満ちたものである可能性を

［1］例えば、『身体の人類学』（菅原一九九三）、『感情の猿＝人』（菅原二〇〇二）、『ブッシュマンとして生きる』（菅原二〇〇四）など。

孕んでいる点である。この違いが、我々の見方を自覚させ、それを問い直し、場合によっては棚上げさせ、「世界を見ることを学び直す」（メルロ＝ポンティ 一九六七：二四）というメルロ＝ポンティの言葉が示す態度、すなわち現象学的態度へと促すのである。それは同時に、「われわれが民俗学的経験によって、つまりたえず他人によって自己を吟味し自己によって他人を吟味することによって」、他の人にも接近可能となる「側面的普遍」（メルロ＝ポンティ 一九六九：一九三）を手に入れることになる。

三・四　自らの経験を捉え直す

最後に、前述のいずれにも入らないのが、自分自身の経験を記録したり想起したりして、それを分析するという研究方法である。例えば土屋（二〇〇七）は、自身の父親が小脳梗塞のために入院するという出来事、さらに退院後までの生活の記録を分析して修士論文とし、これを書物にして出版している。土井は自身の研究の特徴を、「私が病者の娘で家族の中では主たる介護者であるという立場と、さらにそれを分析する研究者であるという立場の、二重の立場からのエスノグラフィーである」（土井 二〇〇七：二）としている。そして、このエスノグラフィーについて、個人的な日常生活の文脈のなかにおいて記述してきたからこそリアリティをもって表現できると強調しつつ、他方で、介護者としての役割を担いながら「冷静に客観的に観察し続けるためには、かなり意識的な工夫が必要だった」（土井 二〇〇七：七）といい、工夫点を紹介している。

例えば、意識的・物理的に数時間でも現場を離れること、大学のゼミや関連研究会で議論すること、および病院の言語聴覚士や看護師と意見を交換し合うことで、「「娘」として父と共に体験したことを、より客観的に対象化して考え直す」（土井二〇〇七：八）ことを挙げる。自身の体験（経験）を研究する場合、その事象と距離を取ることが難しいため、取り組む過程でさまざまな工夫が必要になる。その際、物理的な場所、研究会等での議論、視点の違う者との議論によって、経験の相対化が可能になることが、土井の経験からもみえてくる。他方で、誰もが可能な研究のスタイルではないであろう。何よりも、実践や経験をするなかで、確かな疑問や違和感があって初めて、自身が直接経験する事象が研究として形を為していくのである[2]。

本書で紹介する論文は、実際に何らかの経験をしている最中に、その経験を相対化して研究へと至ったものではない。ある経験をして、それがその当事者に強い引っかかりを残し、その引っかかりをもって大学院に進学して、再度それを問い直す機会を得て研究することへと至った。研究までに長い時間をかけ、それが研究になるのかを幾度も問い直し、これを捉え直すこと自体が自分自身の実践や専門家としての責任にもなると考えて取り組んだものである。

土井も述べていたが、研究という俎上に載せることで、これまでとは違った視点をもつことができる。それによって、それまでもっていた漠然とした違和感、ネガティブな意味、整理して理解できない経験が、ある形をなすのである。土井の場合は、それを促したのがバフチンの発話理論であった。本書の執筆者の場合は、それが既存の現象学思想や既存の現象学的看護研究であったり、鈴木大拙の東洋思想で

[2]　良性の脊髄腫瘍によって神経系が徐々に破壊されるという病いに冒された人類学者ロバート・マーフィー（二〇〇六）が、自身の動かなくなっていく身体によって家族とのかかわりや社会をフィールドワークした民族史である。

あったりしたのだ。現象学は、バフチンの理論のような概念を執筆者に与えるわけではない。むしろ、何度も気持ちを揺さぶられて問い直してきた経験を、再度、事象そのものへと立ち帰って、意識する手前、言葉になる手前、身体固有の経験等々から捉え直すことによって、当事者でさえも気づいていなかった経験の意味へと向かっていくのである。鈴木大拙の思想は、西洋医学の枠組みにどっぷり浸かっている現代の医療現場において、捉え損ねうる実践の意味を、これまでとは別の角度から理解する枠組みを与えてくれた。

本書における自身の実践の問い直しに基づく考察は、土井の試みのように、自身の経験の詳細な記録を残し、それを分析しているわけではない。そのため彼らは、ゼミナールなどを通して繰り返し自身の経験を問い直してそれを記録に留め、それを発表しては振り返って意味づけ、また記録をする。この往復によって、実現した論考となっている。

四　個別の経験を捉え直す意義

本書では、個別の経験や各場面で起こっていること（実践）を探究した論考が多くを占める。この個別の経験や実践を捉え直すことの意味を、最後に論じておきたい。

現象学における「経験」は、文脈のなかで意味を伴って立ち現われてくる事象である。この点については、すでに述べてきた通りである。そのため、ある出来事は別の文脈に置かれると、異なった意味をもつ。あるいは、同じものを見ても人によってその受け取り方は異なっている。が、それだけではない。

「そもそも何ものかがあるものとして立ち現われてくることそのことが〈解釈〉に媒介された出来事なのである」（鷲田 一九九七：九二）。言い換えると、私たちに何かがそれとして見えてくる、あるいは経験されること自体が、意味をもった現われである。

さらに、何かが何か（図）として現われてくること自体を可能にしているのは、同時にそれ以外の事柄が地に退くためである。この地と図の差異化という出来事が、そのつどの知覚経験を、あるいは経験の意味を更新させている。それゆえ、経験においては、ある与えられたことはそれ自体として受容されるのではなく、「つねにそれ以上のものとして解釈される」（鷲田 一九九七：九三）。つまり、解釈を孕む経験は、現に与えられているものを超えた意味を伴っているのである。本書で紹介した多くの論考において、インタビューを受けた語り手が、語ることにおいて過去の経験を捉え直し、その意味を更新させていたのは、経験がこうした構造を孕んでいることを物語っている。

加えて、この意味の現われは、一人ひとりの個別の経験でありながらも、個である私の主観に拘束されてはいない。それは次の理由によってである。経験が地を背後にして図として浮かび上がる構造をもつことは、「かつて」経験したかもしれないこと、そして「これから」経験しうることを孕んでいる。つまり、「見るということは現在においてこうした過去と未来の観点を一挙に含み込んで見る」（杉本 二〇一〇：九）ことである。この過去や未来の視点は、現在と異なるという意味で、「他なる視点、つまり私ではない他者の視点である」（杉本 二〇一〇：九）。またそれ以前に、既に「わたしはわたしでないものに媒介されてはじめてわたしとなり他者も他者それ自身ではないものに媒介されてはじめて他者でありうる」（鷲田 一九九七：一四八）のであるから、そもそも私の経験は間主観的に生成しており、その意味で、他者にも開かれており、了解可能となるのである。例えば家高（二〇一三）は、ベナーを参照しつつ、ケーススタディー（ケース記述）において重要なのは、「重要でないと思われるような要素や偶然的な要素」（家高 二〇一三：七二九）を含ませることであると述べる。それによって、読み手に別の可能性をも示唆するものとなり、自己の経験と照らし合わせたり、新たな可能性を読み解いたりすることを促すためである。

本書における論考は、個別で具体的、かつ複雑な経験として記述されている。まずもって、個々の執筆者にとっては、自己の経験や関心と切り離せないこととして現われている。こうした経験はしかし、すでに時間的、間主観的地平という文脈をもって立ち現われており、それがインタビューや想起、フィールドワーク等によって、意味を更新させつつ捉え直され、記述されている。したがってその記述は、そのまま読み手が自分の経験に応用できる知という形式をもってはいないが、記述された経験が、地ともいえる文脈を孕んでいることによって、読み手が、個々に自身の経験や関心と照らし合わせて解釈しつつ多様に理解することを可能にしている。言い換えると、本書の論考は、経験の成り立ちと同様の構造で、読み手にとっての意味をもった経験となり、読み手の経験も更新され、新たな意味や視点を与える。個別の経験の記述には、このような知の循環が期待される。

【文　献】

ヴォーン、S・シューム、J、S・シナグブ、J（一九九九）『グループ・インタビューの技法』、井下　理［監訳］／田部井　潤・柴原宜幸［訳］、慶応義塾大学出版会
大久保功子（二〇〇七）「現象学」、グレッグ美鈴・麻原きよみ・横山美江［編著］『よくわかる質的研究の進め方・まとめ方――看護研究のエキスパートをめざして』、医歯薬出版、一〇六―一二四頁
小川さやか（二〇一一）『都市を生きぬくための狡知――タンザニアの零細商人マチンガの民族誌』、世界思想社
小宮敬子（二〇〇〇）「看護婦が病院でフィールドワークするということ」、好井裕明・桜井　厚［編］『フィールドワークの経験』、せりか書房、二一二―二二五頁
家高　洋（二〇一三）「看護研究におけるケースの知の意義（後編）」、『看護研究』、第四六巻第七号、七二八―七三九
佐藤和久・比嘉夏子・梶丸　岳［編］（二〇一五）『世界の手触り――フィールド哲学入門』、ナカニシヤ出版
菅原和孝（一九九三）『身体の人類学』、河出書房新社
菅原和孝（二〇〇二）『感情の猿＝人』、弘文堂
菅原和孝（二〇〇四）『ブッシュマンとして生きる』、中央公論新社
杉本隆久（二〇一〇）「入ることと始めること――哲学入門と哲学の再開」、『KAWADE道の手帖、メルロ＝ポンティ』、河出書房新社、二―一四頁
土屋由美（二〇〇七）『生によりそう「対話」――医療・介護現場へのエスノグラフィーから』新曜社
西村ユミ（二〇一一）「看護ケアの実践知――「うまくできない」実践の語りが示すもの」、『看護研究』、第四四巻第一号、四九―六二
西村ユミ・前田泰樹（二〇一一）「「痛み」の理解はいかに実践されるか――急性期看護場面の現象学的記述」、『看護研究』、第四四巻第一号、六三―七五
西村ユミ（二〇一二）「「音」の経験と看護実践の編成」、『現象学年報』、第二八巻、一―一一
ブレア、M・ウッド、F（二〇〇九）『質的研究キーワード』、上淵　寿［監訳］、金子書房
ベナー、P（二〇〇五）『ベナー看護論　新訳版――初心者から達人へ』、井部俊子［監訳］、医学書院

前田泰樹・西村ユミ（二〇一二）「協働実践としての緩和ケア――急性期看護場面のワークの研究」、『質的心理学研究』、第一一巻、七―二五
マーフィー、R、F（二〇〇六）『ボディ・サイレント』、辻 信一［訳］、平凡社
松葉祥一・西村ユミ［編著］（二〇一四）『現象学的看護研究――理論と実際』、医学書院
メルロ＝ポンティ、M（一九六七）『知覚の現象学 1』、竹内芳郎・小木貞孝［訳］、みすず書房
メルロ＝ポンティ、M（一九六九）『シーニュ 1』、竹内芳郎・海老坂武・粟津則雄・木田 元・滝浦静雄［訳］、みすず書房
メルロ＝ポンティ、M（一九七四）『知覚の現象学Ⅱ』、竹内芳郎・木田 元・宮本忠雄［訳］、みすず書房
鷲田清一（一九九七）『現象学の視線』、講談社

第三章　ドナーをめぐる関係性の変容

――生さぬ仲の生体肝移植

一宮茂子

一　はじめに

生体臓器移植は健康体の臓器提供者（以下、ドナーと記す）が必須である。この医療はドナー自身のためではなく臓器受容者（以下、レシピエントと記す）のために、本来なら必要がない手術により健康な臓器の一部を摘出するという倫理的問題を内包しており、このことが他の医療とは決定的に異なる。しかも、ドナーの続柄は、小児例では、両親が九五パーセントと大半を占めている一方、成人例では、子ども（四四パーセント）、配偶者（二四パーセント）、きょうだい（一八パーセント）、両親（一〇パーセント）のようにほとんど（九六パーセント）が近親家族である（日本肝移植研究会 二〇一六）。

二〇〇七年より、ドナーは条件つきで親族以外の他人でも可能となったが（日本移植学会倫理指針）、前述の結果からも近親家族がドナーを引き受けている場合が多いといえる。その理由は、ドナー手術は最悪の事態を考えると他者には（積極的な意思表示がない限り）依頼しづらいという家族規範としての責任であると考える（一宮 二〇一〇a）。

また日本移植学会倫理指針によると、臓器提供の申し出は誰からも圧力を受けず本人の自発的意思によってなされ、報酬を目的とするものであってはならず、提供意思が他者からの強制でないことを精神科医などの第三者が確認する、となっている。しかし、倫理規定があっても実際にドナーを決めるのは医療者ではなく家族である。そのため、その家族が家族内でどのようにしてドナーを決めたのか、ドナーの意思表示が本当にドナー候補者自身の意思なのか、それとも家族の意思がドナー候補者自身の意思となってしまっているのかなどは、医療者や第三者には見えにくいのが現実である。

そこで、本章では、ある家族・親族関係のなかからどのようにしてドナーが決まっていくのかについて、ドナー経験者の語りを通して明らかにすることを試みる。また、ドナーの経験がその後の人生にどのような影響をおよぼしたのかについても、ドナーの語りを通して明らかにしたい。

まず、生体肝移植のこれまでの歩みと、医学的特徴、社会的背景を概観し、先行研究に対する本章の位置づけと、本章における方法を確認したうえで、本論に入っていきたい。なお、本論文は一宮茂子の博士論文（二〇一四）と『移植と家族』（一宮 二〇一六）のデータの一部を引用して論考したものである。

一・一　生体肝移植の歩み

生体肝移植は一九八八年ブラジルではじまり（Raia 1989）、国内では一九八九年に第一例目がおこなわれた（永末 一九九〇）。当初は親から子へ血族一親等間の移植がほとんどであった。一九九三年に始まった成人間の生体肝移植は（Hashikura et al. 1994）、二〇〇四年に保険適用疾患が拡大されて飛躍的に増加した（笠原・江川 二〇〇六）。そして一九八九年の開始以降右肩上がりで増加してきた生体肝移植数は、二〇〇五年に五七〇のピークとなり、二〇〇七年以降は四〇〇台で推移している。その後横ばいからやや低下傾向であり、二〇一五年末までの生体肝移植総数は八〇六六例であった（日本肝移植研究会 二〇一六）。

一方、「臓器の移植に関する法律」（平成九年七月十六日法律第百四号）による脳死肝移植は二〇〇九年までは年間一―一三例に留まっていたが、二〇〇九年七月の法改正以後は年間三〇例と増加し、二〇一五年には初めて年間五〇例を超え、その総数は三二一例（脳死移植三一八、心停止移植三）である（日本肝移植研究会 二〇一六）。とはいえ世界的に脳死ドナーは不足しており、代替療法としての再生医療が、血液関係など一部を除き、未だ動物実験段階にあることを考えると（朝日新聞 二〇一三年二月二一日）、生体臓器移植は脳死臓器移植の補完として（笠原・江川 二〇〇六、岩波 二〇〇九）、今後も続くと予想される（一宮 二〇一六：三一六）。

一・二　生体肝移植の医学的特徴

医学的にみた生体肝移植の特徴は以下の通りである。人体で最も大きな臓器である肝臓は、肝臓に入る血管（肝動脈・門脈[1]）と肝臓から出ていく血管（肝静脈）と胆管が、左右に分かれている。そのため、肝臓自体を大きさが異なる右葉と左葉の二つに分割することができるのである。[2]生体肝移植とはこの解剖学的特徴を利用して、生きた健康体のドナーの肝臓の一部を切り取り、肝不全のレシピエントの肝臓を

［1］門脈とは胃や腸からの栄養に富んだ血液を集める静脈で肝臓に入る血管である。
［2］通常、右葉は左葉の約二倍の大きさであるため成人に移植され、左葉は小児に移植される。

すべて取り除いて移植する先端医療である。

正常な肝臓は一部を切除しても生体の求めに応じて再生し、十分になれば再生が止まるという臓器特異性がある。したがって、その一部をとり出して人に移植すれば、生着した肝臓[3]は数週間から数ヶ月で必要に応じて増殖再生し、その人の成長とともに発育していく。もちろん提供者の肝臓はほぼ以前の大きさまで再生する（田中他 一九九二、笠原他 二〇〇二）。

生体肝移植のメリットは、脳死移植のような緊急手術ではなく、①待機手術が可能であること、②良好な術前状態で手術ができること、ドナーとレシピエントが同時に手術を受けることから、③摘出肝臓の保存時間が短いこと、④ドナーの肝臓の質が保証されることである（田中・小澤 一九九三、川崎・石崎 二〇〇六）。一方、デメリットは、①健康なドナーに肝臓の部分切除術を行うこと（田中・小澤 一九九三）、②ドナー手術による重篤な合併症や死亡の可能性があることなどである（川崎・石崎 二〇〇六、一宮 二〇一六：七－九）。

一・三　生体肝移植の社会的背景

わが国には脳死臓器移植の法律はあるが、生体臓器移植の法律はない。そのため「日本の移植医療では、脳死者の方が生きている人より手厚く保護されているということになりかねない」という論調がある一方で（栩島 二〇〇一：一五）、法律をつくると制約されて消極的な医療となり、ドナーの人権などの倫理問題が解決されるとは限らないと考える医療者もいる（高橋 二〇〇八）。また脳死移植法改正審議の国会答弁で、父親の生体肝移植ドナーとなった河野太郎代議士は「脳死からの臓器提供が行われないまま、生体移植について強い規制をするのが本当にいいのかどうかという議論も当然ある」（岩波 二〇〇九）、として法律の制定には消極的であった（一宮 二〇一六：一一二）。

二〇〇六年の生体腎移植をめぐる愛媛県宇和島徳洲会病院の臓器売買事件を受けて、厚生労働省は「臓器移植法の運用に関する指針（ガイドライン）」を一部改定し（二〇〇七年七月一二日）、初めて生体臓器移植についての規定を盛り込んだ（愛媛新聞 二〇〇七年七月一三日）。指針では「生体からの臓器移植は、健常な提供者に侵襲をおよぼすことから、やむをえない場合に例外として実施されるものである」とされ（日本臓器移植ネットワーク）、やむをえない場合の例外と位置づけられた。このことは、青野透（一九九九）がすでに指摘していたように、生体臓器移植は脳死臓器移植のような社会的な行為ではなく、家族内の個人的な行為とみなされ、今後も社会問題として認知されにくい状況におかれているといえる（一宮 二〇一六：一二五）。

二　先行研究からみた本研究の位置づけ

医学的視点からみた先行研究は、ドナーの同意パターン（藤田・赤林 二〇〇六）、ドナーの意思決定過程（赤林 二〇〇六、一宮 二〇〇六）、家族の意思決定過程（渡邊 二〇〇七）など意思決定に関する論考が数多く報告されているが、なぜそのような過程となったのか、家族・親族の関係性などの詳細は論じられて

［3］「生着した肝臓」とは、移植した肝臓が一定期間後に機能していることをさす。

いない。また、腎移植をめぐるドナーとレシピエントとその家族の複雑な感情は明らかにされているが（春木一九九七、二〇〇三、二〇〇八）、移植後長年経過した状況は明らかではない。そして、人工透析という代替療法のある腎移植とは異なり、代替療法がない肝移植をめぐるドナーやレシピエントおよび家族の感情、そのなかでも負の感情の報告数は少ない。

家族社会学的視点からみた先行研究は、家族愛という形でテーマを描いたうえで自律性が尊重されない同意についての論考があり（武藤二〇〇三）、医療社会学的視点からは家族愛の名のもとで行われている強制性の問題点を指摘している（細田二〇〇三）。これらは移植前後に限った論考であり、その後の過程については触れていない（一宮二〇一六：二一-二六）。

私が認識した現実はもっと複雑である。移植時点に限った論考であっても、家族愛以外に患者・家族からの圧力、ドナー指名、家族が患者の死を考慮、移植治療を知ったからには何もしないわけにはいかず、家族の責任という家族規範のために、他人には依頼できないとして〈余儀なく〉ドナーを引き受けるなどの事例もあった（一宮二〇一〇a）。しかしその背景や要因の詳細は明らかではない。

本章では、余儀なくドナーを引き受け、移植後、数年間のうつ状態となったドナーの語りをもとに、ドナーが決まっていく過程や背景、ドナーを引き受けた影響について、ドナーの語りから時間の経過とともにどのように意味性や関係性が変化するのかについて明らかにするつもりである。

三　対象と方法

三・一　対　象

対象はＹ病院でドナー手術を経験して数年以上経過したＡさんである。Ａさんを選んだ理由の一つは、私が臨床現場に携わっていたころ、患者と医療者という関係で研究開始前より面識があったこと。二つ目は、レシピエントの死亡事例であり、退院後のドナーがその後の生をどのように営んでいるのか、私自身が非常に気がかりであったためである。

三・二　方　法

方法はナラティヴ・アプローチによる質的研究とした。ナラティヴとは「語る」という行為と、「語られたもの」という行為の産物の両方を同時に含意している。ナラティヴという形式は出来事の時間的順序を伝える時間性、聞き手によって異なる意味を伝える可能性を含んだ意味性、語り手と聞き手の共同作業によって成立する関係性という三つの特徴がある。ナラティヴ・アプローチとはナラティヴという概念を使ってなんらかの現象に立ち向かう方法の総称である（野口 二〇〇九：九‐一八）。

その方法を採用した根拠は、移植後数年以上経過したドナーとその関与者との関係性は、既存の学問知では明らかにされておらず、その方策としてドナー経験者の語りから明らかにせざるをえないこと、そのためドナーに生じた現象や現実を考察する手がかりはナラティヴ・アプローチが適していると考えたためである（一宮 二〇一六：三二‐三五）。

具体的には、半構造化面接法によるインタビューを行い、音声データをＩＣレコーダーを用いて録音し、これをもとに逐語記録を作成した。インタビューは二〇〇〇年代中頃過ぎに私が一回約一時間行い、数年後に草稿論文の同意を得る関係で再会し、新たに情報を得たことを契機に、その後は必要に応じて郵便物や電話、メールのやりとりが現在まで続き、近況の便りをいただいている。得られたデータからドナーを引き受ける過程とその後の影響について、ドナーが経験した出来事や感情の語りを抽出し、その語りの時間性や意味性や関係性を分析した（一宮 二〇一六：三八）。

三・三　調査内容

調査内容は、①ドナーの意思決定過程を把握するために「移植医療を受ける決断の経緯とその時の感情」について、②ドナーの負担と犠牲の状況を把握するために「手術前後をとおして最も苦痛であったこと」について、③その後の生の営み状況を把握するために「社会復帰後の日常生活の変化」についてである（一宮 二〇一六：三八）。

三・四　倫理的配慮

調査はプライバシーを保護すること、結果は研究目的以外に使用しないこと、研究への参加・協力は自由意思を尊重し、途中で辞退しても不利益は被らないことを説明し、文書による同意を得た[4]。

四　ドナーはどのようにして決まっていったのか

まずドナー家族とレシピエント家族の二組の家族を紹介し、その後、ドナーを引き受けたAさんの語りを引用しながら分析する。本章に登場する事例は、ドナーである母親からレシピエントである長男への親子間移植であるが、産みの母と子ではない。継母と継子の親子関係である。この関係をAさんは「生さぬ仲」[5]と何度か語っている。

移植施設におけるドナーやレシピエントの患者間の情報網は一般人が考えているよりも濃密であるという私の経験を踏まえて、個人特定をさけるため移植を受けた年代や年齢は大まかな表記とした。なお対象者の年齢は手術当時のものである。

以下、ドナーの語りは「　」内になるべくそのままの形で挿入したが、わかりにくいところは単語を省略したり（　）内に私の補足を加えた。〈　〉内は対象者の語りではなく、私が強調したい語句である。

四・一　移植にかかわった二つの家族とその背景

Aさん（四〇歳代）家族は、夫（五〇歳代）と実子の次男（二〇歳代）の三人家族である。先妻の実子の長男（二〇歳代）は、結婚してA家とは別世帯を営み、妻と幼児の三人家族である。

Aさんの夫は会社の経営者であり、家族の経済的基盤を担う家計支持者であり、妻子を養い、長男家

［4］本章の対象者は博士論文の対象者の一人である。研究期間が当初の予定よりも大幅に延長し、論文作成までに時間を要したため、当時所属していた立命館大学大学院先端総合学術研究科の複数の指導教員の指導のもとに研究計画書を新たに作成し、これまでのインタビューデータの使用について対象者に改めて説明し了解を得たものである（一宮二〇一六：三九-四〇）。

［5］「生さぬ仲」とは、柳川春葉の同名の新聞小説が、大正二（一九一三）年に劇化されてから広まった語であり継母と継子の親子関係のことを意味する。

族に家を買い与え、Ａ家のリーダーであった。一方、Ａさんは自らを「内向的」と語り、夫には「ついて歩くだけ」の夫唱婦随の関係であり、家事労働を担いながら夫の会社を手伝う従業員でもあった。

家族制度の観点からすると、Ａ家は核家族であり、Ａさんの主な役割は家庭で家事を担うことであり、夫は地域社会で会社経営を担うことから、Ａさんは家族内領域、夫は公共領域という性別分業役割といった近代家族制度の特徴がみられた（落合 二〇〇二：一八）。他方、夫は家長としての権力、家族を扶養する経済力、家族員に対する統率権をもっていると推察され、Ａさんや子どもたちは人格的に恭順・服従するといった家父長制家族としての側面も見られた（申 二〇〇六、一宮 二〇一六：八一）。

四・二　生体肝移植を選択した経緯

長男は二〇〇〇年代初頭に肝臓の難病による吐血で「もう手の施しようがない」危機的な状態となった。Ａさん家族は地元病院の医師から「最後の手段として移植があり……生体肝移植ならすぐにでもしていただけます」と説明を受けた。その結果、家族は長男を助けるためには生体肝移植以外に治療法の選択肢がない状況で生体肝移植を選択した、という経緯があった。

このような救命治療法があったとしても患者・家族は〈死〉を選ぶ権利はある。だが多くの家族は患者を助けられる治療法を知ったからには無視できず、また後悔したくないという思いから〈できることは全部しておきたい〉、〈助けないわけにはいかない〉として移植を選択することが知られている（一宮二〇一〇a、二〇一一、二〇一二）。

Ａさん家族は長男を助けるために生体肝移植を選択した。しかし移植まで一週間という時間的制約があり、その期間内に誰がドナーを引き受けるのか、家族は喫緊に決断する必要に迫られたのである（一宮二〇一六：八一）。

四・三　ドナー決定をめぐる家族ダイナミクス

Y病院の倫理規定にあてはまるAさんからみた長男のドナー候補者は、「主人、私、嫁、（実子の）次男」の四名であると語っている。もう少し詳細にみると、当時のY病院のドナー候補者の倫理規定は血族三親等内と配偶者であることから、血族一親等である父親のAさんの夫と母親（継母）のAさん、血族二親等であるきょうだいの次男、長男の配偶者である妻（妊娠中）の四名であり、血族三親等である甥とか姪は「そういう子はまだいな」いため登場せず、ドナー候補者は近親家族に限られていたのである。

Aさんからみた夫は長男を助けるために「移植に希望をもって望んだ」のであるが、Aさんによると「最初から主人は（ドナーは）イヤだ……怖い」と述べたという。この語りから、家庭においては、夫が家長としてふるまう強い男性としてのジェンダー規範[6]がみられる一方で、長男を助けたいと思う父親としての願望はあるものの、他方では自分が提供者になることを明確に拒否した意思表示が見られた。

生体肝移植は生きた人間の肝臓の一部が、「モノ（＝医療資源）」（安藤二〇〇二）となる。そして成人間の生体肝移植は、ドナーの右葉肝臓を使用するのが一般的であるが、右葉は肝臓全体の三分の二程度を占めることから（菅原二〇〇三）、右葉肝臓の摘出手術の侵襲は大きく、ドナーは身体的にも心理的にも

[6]　ジェンダーとは男性および女性の社会的・文化的差異を意味しセックスという生物学的な性差を表す用語とは区別される（木本一九九七：二一二）。ここでのジェンダー規範とは、男性であり家長である夫の行動や判断の基準をさしている。

非常に大きな負担と犠牲を強いられる。そして、その負担や犠牲は育児や介護のように金銭や時間などで他者と分かち合うことはできず、ドナーひとりが全面的に担うことになる（一宮二〇一〇a）。そのため夫の「イヤだ……怖い」という不安や恐怖の心理はドナー候補者の誰もが抱くものと推測できる。

Aさん家族は今まで生きてきた過程において、良いか悪いかは別として、夫のドナーの意思表示場面のように、夫がリーダーシップを発揮してものごとの対応を明確に決定してきたと推察する。もちろん誰しもドナーを拒否する権利をもっている。しかし、家族が〈生体肝移植を選択した〉ということは、Y病院の当時の倫理規定からすると必然的に家族の誰かがドナーを引き受けざるをえないことは確かなのであった。

このような家族状況にあって一家のリーダーである夫が、それぞれの家族員の意見が表出されていない状況で最初に自らの意向を表明したことは、ドナー問題から逃避したと思われ、家族内の調整役が不在となってAさんが右往左往する状況になったと考えられる。

一方、Aさんの立ち位置で考えると、夫が最初にドナー拒否の意思表示をした場合には、これまで生きてきた家族内の力関係から夫の意向に逆らうことはできなかったと推測する。長男の妻は妊娠中であり医学的にドナーは不適応である。消去法的に考えると残るドナー候補者はAさんと次男のみとなる。

医学的には、ドナーは患者と同じ血液型か〈適合〉と呼ばれる問題の少ない組み合わせの人にするのが原則である。しかしAさんはB型、長男はO型であり、B型からO型への移植は〈不適合〉移植となり超急性の拒絶反応が起きる可能性がある。実績を積み重ねた生体肝移植は医学の進歩と技術の向上、免疫抑制剤の開発と発展などにより成人間の〈不適合〉移植も可能となり、二〇〇〇年代初頭にはその件数も増加した（日本肝移植研究会二〇〇八）。けれどもAさんは、「血液型が一緒だったら私はもう喜んでしたと思うんですけど、やっぱり血液型が違ったので……」と、ドナーを引き受ける意味づけとして自己納得するためにも血液型にこだわっていたと考える。他方、移植医からは血液型が違っても「大丈夫です」と念押しされたという経緯があった。

さらに実子の次男には、「やっぱりメスをいれると若いのにって思った」という語りから、健康体で若い次男を長男のためとはいえドナーにはしたくないという実母としての心情が読みとれた。一方、「長男はまだこれからの人生だし（長男の）子どもはまだお腹の中にいるし……それがやっぱり（頭から）離れなかった」との語りから、Aさんは長男を〈助けないわけにはいかない〉としてドナーを引き受ける継母としての心情が表出された語りであるといえる。だがそれ以上に、次男をドナーとして〈傷つけたくない〉実母としての心情が前面に押し出された結果、「私しかいない」という状況を認識したからこそドナー候補者として自らも認めざるをえない側面があったと考える。

またインフォームド・コンセント（以下、ICと略）の席上でドナーの話になったときAさんは、夫と長男と長男の妻が「一斉に私を見たという、その目がね、未だに焼きついているんですよね……すっごい鋭いね、冷たぁく感じましたね……誰にも言えない……言わなかったです……だから夜、みんな（が）寝静まったときにそーっと外へ出て……泣いて（い）ました」と語っている。Aさんの立ち位置で考えると、誰がドナーを引き受けるかをめぐって家族間で納得できるような話し合いもなく、Aさんがドナーを引き受けることに葛藤している状況ではあるが、今まで生きてきた家族内の力関係から、自分がドナーを引き受けざるをえないような状況にあると解釈し、家族と共に暮らしていながら孤独なAさんが人知れず忍び泣きしている状況が推測された。

本来、臓器提供とは誰からの圧力も受けず本人の自発的な意思によって行われるべきものである（日本移植学会）、と規定されている。この場にいた家族は単に〈チラッ〉とAさんの方を見ただけかもしれないが、Aさんの語りは、その視線を圧力として、ドナーになることを押しつけられたような意味で解釈していたことを示しているといえるだろう。

こうしてAさん家族と長男家族はドナー決定をめぐって家族ダイナミクス[7]が生じ、家族内の力関係でAさんがドナー候補に浮上してきたのである。[8]

四・四　ジェンダー力学により〈余儀なく〉ドナーに

Aさんは先妻とは面識がなかったが、「先妻の血液型はO型で長男の血液型と一致」していたという。血液型にこだわっていたAさんは先妻もドナー候補者の一人と考え「手術の三日前に本当のお母さんを捜そうか」と長男に尋ねたところ「顔も知らないからイヤだ」と拒否されたと語っている。この語りから提供する肝臓にも人格があり、長男は幼少時に別れた実母自体を拒否したことになる。死体（脳死・心停止）移植なら全くの他人で面識がないがゆえにレシピエントは、負債感が軽くてすむことがあるが、長男は生体移植であるがゆえに実情がわかっている近親者の肝臓提供を望んでいたと思われた（一宮二〇一〇b）。長男のこの一言でAさんは「探そうと思えば……探せた」先妻の探索を断念したのである。

Aさんの語り全体の文脈から、先妻もドナー候補者の一人と考えていたのはAさんのみであり、家族内でこの情報が共有された語りはみられなかった。またその情報は長男との短い会話で終結していた。

家族内に調整役がいないため、この場面でもAさん一人が血液型にこだわり右往左往している状況がうかがえた。Aさんの語りには〈相談〉や〈話し合い〉というキーワードはなく、ドナーをめぐる問題は家族の問題でありながら、家族のなかで一番立場の弱いAさんが、自分ひとりの問題であるかのように抱え込んでいることがわかった。

移植術までに夫は肝臓の病気と診断された。また、長男の妻は妊娠中、「私（Aさん）がダメといえば……ひとり息子（次男）がドナーにな」らざるをえない。家族の誰かがドナーにならなければ長男は死ぬしかない。しかも、たとえ誰かがドナーになったとしても、ノン・ドナーとなる家族員はドナーに対する罪悪感や負債感をもつことになる（春木 二〇〇三：五−六、志自岐 二〇〇七、山本・高原 二〇一〇）。生体肝移植はこのように誰かが必ず犠牲になる構造を内包しているのである。Aさんは自分が置かれた状況を認識したからこそ実子の次男に対して「若いのに……できたらメスは入れたくない」と実母としての思いを語り、その方策として「私でくい止めるしかない」と考え、ドナーを引き受けるのは「私しかいない」と意味づけて〈余儀なく〉ドナーを選択した、と思われた。さらに夫や長男から頭を下げて「お願いします」と懇願され、この家族状況においてドナーを引き受ける以外に道はなく、この段階まで来るとAさんは「イヤだと言えな」い状況にあった。

Aさんは I C の内容は「記憶になく」、また、I C を理解できるほどの心のゆとりもなかったと思われ、

［7］家族ダイナミクスとは、ドナー個人のレベルを超えて家族全員をいやでも移植の問題に巻き込む性質をもつ家族間の精神力動のことである（春木 二〇〇八：一六一）。
［8］詳細は一宮（二〇一六：八二−八四）参照。

ドナー手術で「死ぬかも知れない」と自己解釈し、入院前には実家や知人に「それなりに別れを言って」決死の覚悟で入院したのである。一方で「私が逝っても長男が助かればまた子供ができるし、それが頭から離れなかった」と継母として〈助けないわけにはいかない〉という意味づけの心情も語っている。その結果、Aさんは「生さぬ仲だから私が（お腹を）切らなきゃいけない」と意味づけて自らドナーを引き受けたのである。移植医による最終意思確認でも「すべて大丈夫です」とAさんは応えたという。しかしそれは、心の整理が不十分なまま、自らの感情とは異なるカモフラージュされた同意の言葉であったと推測される。

こうしてAさんは、最初にドナーを拒否した夫の意思に恭順し、また長男による先妻のドナー拒否について夫や親族に相談することもなく、さらに近親家族から視線の圧力も知覚し、長男の救命と次男のドナー阻止の母親としてのジレンマのなかで、結果的に今まで生きてきた営みの関係性のなかに働くジェンダーの権力作用によって引き受けざるをえなかったのである。

ジェンダー力学とは、性差別的社会において、さまざまな社会領域における諸実践や人と人との関係性のなかに働くジェンダーの権力作用を指している。それは既存のジェンダー構造から生み出される力の働きであるとともに、ジェンダー構造の非対称性を産出するものであるが（坂井 二〇一二：八）、Aさんは、まさにジェンダー力学によって文字通り、〈余儀なく〉ドナーを決断していたのである。[9]

五　ドナーの経験がその後の生の営みにおよぼした影響

Aさんは予定の入院期間（術後二週間）より数日オーバーして退院となった。一方、レシピエントは術後三ヶ月で亡くなった。亡くなった直後の家族の言動がとても印象的であった。その場に居合わせた私は一部始終を目撃したのである。

ベッドの足元に立っていたAさんは思わず駆け寄り「私の肝臓が悪かったので（長男が亡くなったので）は?」と言った。それまで長男の手を握って枕元に座っていた夫は「それだけは言わんといて」と何度か繰り返し、反対の手でAさんの言葉を遮った。Aさんは泣いていた。しばらくして夫は、身重の身体で三ヶ月間付添った長男の妻を「ようやってくれた。自慢の嫁だ」と絶賛し、レシピエントを「子どもをつくり男として立派に生きた」と称賛した。ドナーとしてもっとも大きな負担と犠牲を担ったAさんに対して夫はどのような言葉をかけるのだろうか。その場にいた医療者は注目したが、Aさんに対する夫の評価は聞くことができなかった（一宮 二〇〇九）。その後、Aさんや家族はどのような経過をたどったのだろうか。

五・一　はけ口のない心の重荷をかかえて

退院後のAさんはめまいが半年間続き、同時に、「暗い部屋で、一日中でもじーっとしている」引きこもり状態となり、「主人とも息子とも……話をするがイヤ」になる「うつ状態」になったと語っている。

［9］二〇〇六年の愛媛県の臓器売買事件を受けて二〇〇七年より国と移植学会の指針が改定され、精神科医などがドナーの意思を確認することになった。しかし、Aさんは二〇〇〇年代初頭であったため、そのような支援はなかった。詳細は一宮（二〇一六：八五–八七）参照。

Aさんは術後の外来フォローとして、退院後の約六ヶ月後と一年半後の二回、外来診療を受けている。しかし医師から「うつ病」という診断は受けていない。当時のAさんは、引きこもって周囲からの情報を遮断することによって、自分のギリギリの心理状態を堪え忍んでいた、と思われた。

Aさんの語りの文脈から「うつ状態」は数年間続き、その間は実母の世話を受けていたという。そして自問自答のすえに「家に居てたんじゃあ、私も、ほんとに駄目になる……人と話をしなきゃいけない」と「自ら悟った」ところへ、その手段として夫が「ちっちゃいお店しようか」と商店街の一角を購入してくれたそうだ。夫は影ながら妻を見守っていて、回復過程にある妻に援助の手を差し伸べたことがうかがえた。その後のAさんは小さな「オモチャ屋」の営みを通して、客との応接や周囲の環境が「心を落ち着かせ」徐々に元気な自分を取り戻す契機をえたのである。

しかし、お腹に残った逆T字型の大きな傷跡は（図3・1参照）、数年以上も経たインタビュー時点でも「夏は痒い……冬は痛い……だけど主人には一切言わない……お風呂に入るたびにピンク色になる傷を見て……未だに泣けてくる」との語りから、Aさんがドナーを引き受けざるをえなかったことによる不平や不満といった負の感情を他者に語ることすらもなく、自らの心のなかに閉じこめ、ドナーという

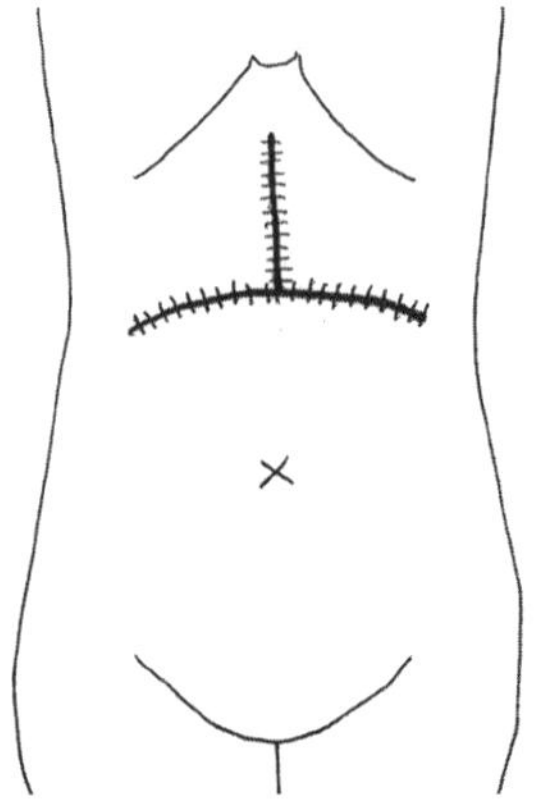

図3・1　生体肝移植ドナーの傷跡

十字架を余儀なく背負い、その結果、刻まれた腹部の大きな傷跡は、自分ひとりが一方的に担わざるをえなかった刻印のように認識していて、見るつど、見えるつど、数年以上経っても忘れることができないトラウマ的体験となっていることがうかがえた。そしてそのトラウマ的体験は家族員である夫にも語ってはいけないこととして、これまで言語化することもなく、Aさんはヘドロのような思いを語る機会も、語る相手も、語る場もなくずっと抱えていたことがわかった[10]。

五・二　研究自体がもたらした家族変容

Aさんとその家族との関係性については、その後も違和感が残っていたため、移植後六年経過したころAさんにインタビューを申し込んだ。複数回の手紙や電話による依頼に返信はなく、諦めかけていたころ夫から電話連絡を受けた。夫によるとAさんは「インタビューには消極的」とのこと。一方、夫は「サンプリングとなるなら思い出のような感じで話したらええやないか」と逆にAさんに勧めてくれていたことがわかった。こうして実現した調査であったが、事前に夫と約束した時間をオーバーしたことで、反対に怒りをかってしまった。謝罪は受け入れてもらえず気まずい関係だけが残った。Aさん夫婦をエレベーター前まで見送ったとき、それまで誰にも言わなかった本音を語って笑顔で帰るAさん。一方、怒りを隠さない夫の表情があまりにも対照的で、鮮明な印象として私の記憶に残った。

その後、数年経過した。私は波乱にとんだAさんの草稿を持参して「オモチャ屋」を訪問した。Aさ

[10] 詳細は一宮（二〇一六：一三〇-一三二）参照。

んによると夫は「あんな別れかたをして手紙を出そうと思っていた」という。やはり夫も気になっていたのだ。ドナー決定過程における苦悩を綴った草稿を読んで、夫は初めてAさんの心情を知ったのだ。さらに「「一宮さん（店まで）来ていただいたんよ」って言ったら主人がワンワン泣い」たという。そして夫も草稿に同意したうえで「このままでいいのではないか」「これが私の本当の心のなかです」と承諾をえた。また返信は「直接話した方がいい」という夫の意向のもとAさんから電話による同意をえたのである（一宮 二〇〇九）。

移植後一〇年近くなってAさんからえた情報は、その後の家族関係は「主人はすごく変わり……（性格が）丸くなり優しくなった……（次男の）息子も（私を）とても大事にしてくれ」ると、夫や次男がその後のAさんを気遣っている関係性がうかがえた。

このような家族変容は一研究者である私が草稿の同意をえるという出来事を媒介にして生じた肯定的な関係性の変容であって、リタイアして現職でなくても一研究者の立場であってもドナーのみならず家族の関係性に変容をおよぼす関与者のひとりであることがわかった。その根幹には、ドナーとラポールが形成されていないと、決して生じない現象であると考える。

五・三　第三者からえたドナーの評価

Aさんが移植後に第三者から受けた評価についても考察しておく。通常レシピエントはドナーに対して感謝の念と同時に負債意識がある（成田 一九九八）。Aさんは家族の視線の圧力や、夫や長男からの懇願などで継母として〈余儀なく〉ドナーを引き受けたのであるが、その役割を果たしたあとに夫や長男家族から感謝や労いといった言葉は受けていなかった。さらにレシピエントが死亡したことで、Aさんはドナーの意味づけが否定的になっていた。

あるときAさんは風邪のような症状があり地元の開業医にかかった。ドナーの既往歴があることを話すと医師は椅子から立ち上がってAさんに「ご苦労様でした」と敬意を示す態度と労いの言葉をかけたという。Aさんにとってこのような経験は「初めて」であったと語っている。移植後のAさんは、近親家族からではなく、開業医という第三者によって初めてドナーとしての評価を受けたことで「そんなに大事なことをしたのかなぁ」とドナーとして肯定的な意味づけを実感することができたのだ。

あらゆる先端医療において患者や周囲の人びとが心理的葛藤を抱くのは当然である（野間 二〇〇七）。それゆえ、ドナーの心理的ケアの重要性は早期から指摘されてきた（京都新聞 一九九九年九月一〇日）。大きな負担と犠牲を払ったドナーにとって、家族、親族、職場、近隣地域住民の人たちの気遣いとしての〈労い〉〈応援〉〈感謝〉などの言葉かけは、ドナーに対する評価となり同時に心理的ケアになる。このことを私は臨床現場で経験してきて、その必要性を実感している（一宮 二〇一一、二〇一六：一三九―一四〇）。

五・四　親族関係の変容

移植を契機にドナーや家族は親族関係についても多様な経験をしている。とくに関係性が難しくなった場合、その経験は微細で微妙な内容となり、報告数も限られている。本章では個人特定を避けるため詳細は割愛し、いくつかの事例をおりまぜて、難しさの特徴のみを示して紹介する。

妻から夫へ夫婦肝移植のBさんは、レシピエントの余命がわずかになったとき、移植治療を選択してドナー探しを始めた。するとレシピエントには、隠された〈きょうだい〉がいることが発覚した。両親は誰にも知られたくない複雑な家族関係をこのときまで秘密にしていたのだ。親族会議の結果、親族はドナーを拒否し、レシピエントには死の選択をした。その時点で親族関係が断絶したという。その後、血液型の組み合わせに問題があったが、妻がドナーになり移植は成功した。レシピエントは今も生きている。

母から子へ親子肝移植のCさんは、術後数ヶ月してレシピエントが死亡した。その後レシピエントの妻は、夫の遺骨や仏壇のお祀り、法要などすべてを拒否し、何も告げずに家を出て行ったという。こうして親族関係が一方的に断絶した。のちにレシピエントの妻の所在がわかった。しかし、その後の連絡が皆無のためCさんからコンタクトしにくい状況が一〇年以上も続いている。このように移植が契機となって壊れてしまった関係性を、Cさんは普通ではありえない不名誉な状態として受けとめている。

母から子へ親子肝移植のDさんは、高額医療費が準備できず不動産の売却を考えていた。そのおりに夫方親族から多額の金銭支援を受けた。移植は成功し子どもは今も元気である。しかし、D家の家計支持者である夫は、借財の負い目を感じ、親族との対人距離が長くなっていった。一方、Dさん自身も金銭支援をしてくれた親族が病気になったとき、駆けつけて身の回りの世話をしているという。これらは借財の負債感による関係性の変容である。

移植は家族を否応なく巻き込むことはすでに指摘されている（成田 一九九八、春木 二〇〇八：一六二）。実際に前述のような現実離れした親族関係が移植を契機にして顕在化していた。こういった負の経験は他者には語りづらい秘匿情報であるとともに、ドナーにとっては心理的負担が非常に重い経験になっていることがわかった。このような関係性の変容は氷山の一角であって、負の感情を語らないドナーはほかにもいることが予測された。移植治療は移植前だけでなく移植後数年以上経てもドナーをめぐる問題は、その後も続くことがわかった。

六　結びにかえて

以上、どのようにしてドナーが決まっていくのか、また、ドナー当事者の経験がその後の人生にどのような影響をおよぼしたのかについて、ドナーの語りを通して考察した。ここでは改めて、考察にあたって、以下のことを確認しておきたい。それは、そもそも生体肝移植は脳死問題を回避できる医療として、また脳死肝移植の補完として、近親家族間でおこなわれてきたという歴史的経緯と既成事実がある。そして、すでに述べたように生体肝移植は家族内の問題として公的に提示されたことである。

そのうえで、どのようにしてドナーが決まっていくのかという問いについて二つの解を得た。第一は、腎不全患者には人工透析という代替療法があるが、①肝不全患者には代替療法がないこと。②肝不全患者は死に直面していて、移植をしないと死亡すること。その生体肝移植には、③生体ドナーが必須であること。この医療は、④生きた人間の身体の一部が医療資源となること。そのため、⑤近親家族以外の他者には（積極的な意思表示がない限り）依頼しづらいこと。そして介護や育児のように、⑥ドナーの負担や犠牲は他者と分かち合うことができないこと。したがって、⑦ドナーは近親家族の誰かひとりが一方的に担うしかないこと。⑧患者は余命告知を受けているため移植まで時間的制約があること。これら八つの特徴をふまえてドナー候補者が選択されることになる、ということである（一宮二〇一六：一三）。

第二は、生体肝移植を選択した家族は、誰がドナーを引き受けるのかをめぐって否応なく移植の問題に巻き込まれ、その結果、近親家族間に家族ダイナミクスが生じることになる、という点である。ジェンダーが非対称に構造化されたA家では、妻であるAさんが従属的位置に配置されていたとはいえ、Aさん自身も継母として長男を〈助けないわけにはいかない〉という心情があった。また、AさんはICの席上で知覚した家族の暗黙の圧力や、家族からのドナー依頼の懇願を拒否できず、結局、これまでともに生きてきた家族員間の関係性のなかに働くジェンダー力学によってドナーになった、ということが明らかになった。

そして、ドナー当事者の経験がその後の人生にどのような影響をおよぼしたのか、という問いには、次のようなことがいえる。本章のように〈余儀なく〉ドナーを引き受けたことの影響は、その後を生きていかなければならないドナーの身体面や心理面に長年にわたる変調をもたらし、移植前よりも移植後にこそドナーの苦悩や葛藤が増幅する結果となっていた。しかし、時間の経過とともに家族の関係性が変容し、ドナーが自己回復する側面もみられた。またレシピエントの〈死〉は、ドナーや家族・親族関係に〈否定的〉意味づけをもたらす最も大きな要因となっていた。

七　本研究の意義と限界

本章ではレシピエントが死亡したドナーの語りの貴重な事例であると考える。その事例を通して、ジェンダー秩序が列挙され、如実に見えたことを明らかにしただけで十分意義があると考える。しかし、未だ聴き取りが不十分な側面もある。どこまでドナーに聴くことができるのかは、聞き手の力量にもかかわるが、トラウマ的体験をしたドナーがどこまで語ることができるのか、その折り合いのなかで得られるデータはおのずと限られてくる。それが本研究の限界である。また貴重なデータがえられても公開の同意がえられない場合がある。今後はそれらのデータをどのようにすれば活用できるのか、考えていくことが課題である。

【文　献】

赤林　朗（二〇〇六）『生体肝移植の心理・社会的、倫理的側面についての研究』、二〇〇三―二〇〇五年度科学研究費補助金研究成果報告書、東京大学

安藤泰至（二〇〇二）「臓器提供とはいかなる行為か？――その本当のコスト」、『生命倫理』、第一二巻第一号、一六一―一六七

青野　透（一九九九）「生体肝移植の適応拡大――臓器移植法改正議論の前提として」、『金沢法学』、第四一巻第二号、三六三―三九四

一宮茂子（二〇〇六）「ドナーからみた生体肝移植――グラウンデッド・セオリー・アプローチによる家族・医療者との相互作用過程の分析」、立命館大学大学院応用人間科学研究科二〇〇五年度修士論文

一宮茂子（二〇〇九）「生体肝移植ドナーの家族のケア―義理の親子間移植」、『臨床看護』第三五巻第一〇号、一四五二―一四五七

一宮茂子（二〇一〇ａ）「生体肝移植ドナーの負担と責任をめぐって――親族・家族間におけるドナー決定プロセスのインタヴュー分析から」、『Core Ethics』、第六巻、一三―二三

一宮茂子（二〇一〇b）（研究ノート）「膵島移植レシピエントの期待と現実――1型糖尿病患者のインタビュー調査より」、『Core Ethics』、第六巻、五〇九-五一八
一宮茂子（二〇一一）「生体肝移植をめぐる移植後の家族変容――ドナーインタビューの分析より」、『Core Ethics』、第七巻、一-一〇
一宮茂子（二〇一二）「生体肝移植ドナーが経験したインフォームド・コンセント――ドナーインタビューの分析より」、『Core Ethics』、第八巻、五三-六二
一宮茂子（二〇一四）「生体肝移植ドナーの意味付与――肯定感と否定感を分かつもの」、立命館大学大学院先端総合学術研究科二〇一三年度博士論文
一宮茂子（二〇一六）『移植と家族――生体肝移植ドナーのその後』岩波書店
岩波祐子（二〇〇九）「臓器移植の現状と今後の課題（1）――法改正の背景と国際動向」、『立法と調査』、第二九八巻、三六-五二
落合恵美子（二〇〇二）『近代家族とフェミニズム』、勁草書房
笠原群生・江川裕人（二〇〇六）「肝臓移植」、『綜合臨床』、第五五巻第八号、二〇四五-二〇五二
笠原群生・木内哲也・田中紘一（二〇〇二）「わが国における肝移植の現況」、『消化器外科』、第二五巻第三号、一七七-一八二
川崎誠治・石崎陽一（二〇〇六）「肝移植とは――利点と問題点」、『医学のあゆみ』、第二一七巻第三号、二三九-二四三
木本喜美子（一九九七）『家族・ジェンダー・企業社会』、ミネルヴァ書房
坂井博美（二〇一二）『「愛の争闘」のジェンダー力学――岩野清と泡鳴の同棲・訴訟・思想』、ぺりかん社
志自岐康子（二〇〇七）『臓器移植医療における看護職移植コーディネーターの役割・機能に関する研究』二〇〇四-二〇〇六年度科学研究費助補助金研究成果報告書、首都大学東京
申　蓮花（二〇〇六）「日本の家父長的家制度について――農村における「家」の諸関係を中心に」、『地域政策研究』、第八巻第四号、九九-一〇四

菅原寧彦（二〇〇三）「ドナーに関する倫理的問題――移植医の立場から（生命倫理ケース・スタディ（6）生体肝移植をめぐる問題）」、『ジュリスト』、第一二五二巻、一二七‐一二九
高橋公太（二〇〇八）「開会の挨拶」、高橋公太［編］『腎移植連絡協議会からの提言 生体臓器移植の法的諸問題――法律は本当に必要なのか』、日本医学館
田中紘一・小澤和恵（一九九三）「生体肝移植をめぐる問題点」、『医学のあゆみ』、第一六四巻第六号、四九一‐四九四
田中紘一・上本伸二・小澤和恵（一九九二）「生体肝移植」、『BIOmedica』、第七巻第五号、五〇三‐五〇七
永末直文（一九九〇）「執刀記――日本初の生体肝移植：今初めて明かされる難手術までの一部始終！」、『文藝春秋』、第六八巻第一号、二二八‐二三八
成田善弘（一九九八）「腎移植をめぐる患者心理と家族内力動」、『精神医学』、第四〇巻第一二号、一三三七‐一三四一
日本移植学会「日本移植学会倫理指針」〈http://www.asas.or.jp/jst/pdf/info_20120920.pdf（2017年7月2日確認）〉.
日本肝移植研究会（二〇〇八）「肝移植症例登録報告（第二報）」、『移植』、第四三巻第一号、四五‐五五
日本肝移植研究会／猪股裕紀洋・梅下浩司・上本伸二（二〇一六）「肝移植症例登録報告」、『移植』、第五一巻第二‐三号、一四五‐一五九
日本臓器移植ネットワーク「臓器の移植に関する法律の運用に関する指針（ガイドライン）」、平成二四年五月一日一部改定、〈http://www.mhlw.go.jp/bunya/kenkou/zouki_ishoku/dl/hourei_01.pdf（2017年7月2日確認）〉
棚島次郎（二〇〇一）『先端医療のルール――人体利用はどこまで許されるのか』、講談社
野口祐二（二〇〇九）「ナラティヴ・アプローチの展開」野口祐二［編］『ナラティヴ・アプローチ』勁草書房
野間俊一（二〇〇七）「生体肝移植医療における精神科のかかわり」、『移植』、第四二巻第四号、三二三‐三二八
春木繁一（一九九七）『透析か移植か――生体腎移植の精神医学的問題』、日本メディカルセンター
春木繁一（二〇〇三）『腎移植をめぐる母と子、父――精神科医が語る生体腎移植の家族』、日本医学館
春木繁一（二〇〇八）『腎移植をめぐる兄弟姉妹　精神科医が語る生体腎移植の家族』、日本医学館
藤田みさお・赤林　朗（二〇〇六）「成人間生体肝移植における3つの自発的同意のあり方」、『診療内科』、第一〇巻第三号、二〇七‐二一一

細田満和子（二〇〇三）「生体肝移植医療――不確実性と家族愛による擬制」、『家族社会学研究』、第一四巻第二号、一四八－一五六
武藤香織（二〇〇三）「『家族愛』の名のもとに――生体肝移植と家族」、『家族社会学研究』、第一四巻第二号、一二八－一三八
渡邊朱美（二〇〇七）「生体肝移植のための臓器提供者を決定する家族の意思決定プロセスモデルに関する研究」、『お茶の水医学雑誌』、第五五巻第一・二・三号、二七－五三
山本典子・高原史郎（二〇一〇）「生体腎移植のドナーに関する臨床心理学的考察Ⅰ――腎提供という体験」、『今日の移植』、第二三巻第二号、一五七－一六二
Hashikura, Y., Makuuchi, M., Kawasaki, S. et al. (1994). Successful living-related partial liver transplantation to an adult patient, *The Lancet, 343*(8907), 1233-1234.
Raia S., Nery, J. R., & Mies, S. (1989). Liver transplantation from live donors. *The Lancet, 334*(8661), 497.

第四章　助産師が語る「忘れることができない」ケアの経験

戸田千枝

一　はじめに

周産期医療に携わる医療者は、一方では誕生を見守る支援をしながら、他方では子どもの死の場面を数多く経験する。助産師である筆者の臨床経験から、子どもの死の場面をケアすることは、医療者にとって大きく心を揺さぶられることである。とりわけ助産師にとって死産[1]をケアすることは、自分ののどかにしこりを残すような、生涯を通じて忘れることができない経験である場合が多い。

欧米では、一九五〇年代にボウルビィやクラウスとケネルによって、子どもを亡くした親の心理が著され（ボウルビィ 一九八一：一二〇–一三四、クラウス・ケネル 一九八五：三七五–三八三）、日本の周産期医療においても一九九〇年以降には、子どもを亡くした母親たちのケアのニーズに注目した調査（太田 二〇〇

[1] 死産という用語については子どもが誕生する前に死亡し、亡くなった状態で生まれてくることと定義した。

が（米田 二〇〇七：四六-五七）、それらの多くはケアに対する看護者の主観的評価が調査されてきたが（米田 二〇〇七：四六-五七）、それらの多くはケアの有効性を分析したものであり、死産のケアの経験が、助産師に何をもたらしたのかについては明らかにされてはいない。

死の場面を経験した者について、リフトンは「身体的もしくは心理的にきわだった形で死と接触する機会がありながら、それでも生き残った者を生存者」（リフトン 一九八九：一二八）と定義している。またリフトンは、生き残った生存者が感じる心的な傷つきに関して、直接に死と接触する被害にあった者ばかりでなく、死を目撃しただけの者にも罪意識や心的感覚麻痺が現われると著している（リフトン 一九八九：一二八）。そうであれば、子どもの死を目撃しながらケアをする助産師の経験は、リフトンのいう「目撃者の罪悪感」（リフトン 一九八九：一二八）を感じさせるような経験になっている可能性がある。さらに、心のどこかにしこりのように沈殿し、その経験を忘れることができなくなってしまうのは、武井が述べるように感情労働者である看護者が、死の場面を経験しながらも「職務上の感情の適切さに関する感情ルールに沿って、毎日自分の気持ちに蓋をしたり、本来の感情とは違う感情を装ったりする」（武井 二〇〇一：一七五-一八三）からとも考えられる。

しかしながらケアには本来、メイヤロフが著しているように「相手をケアすることは、その人が私をケアすることの活性化をたすける」（メイヤロフ 二〇〇一：八五）といえるような相互関係がある。言い換えれば、死産のケアは助産師に、一方では命を救うことができなかった罪悪感をもたせるとともに、他方で、助産師自身も意識的には気づいていない何かを経験させ、それが死産のケアを忘れ難くさせている可能性がある。おそらく、これらの経験のなかには、ケアをする助産師と、亡くなった子どもと遺された両親との関係のなかにある、言葉では表わしにくい感覚的な経験も含まれているであろう。つまりはっきり気づいていないが、そこに何らかの確かな手ごたえのある関係に触れながらケアすること自体が、生涯忘れることができない経験となっていくのではないかと考える。

そこで、本論では、死産のケアが、助産師にとってどのような意味をもって経験されているのかを明らかにすることを目的とした。

二　方　法

本章では、自覚せずにいた経験に接近する為に、死産のケアをする助産師と研究者とが対話を行い、経験の成り立ちを文脈に即して記述する方法を採用した。この対話による記述の方法については、西村が、看護ケアの経験へのアプローチとして、対話による方法を用いていることをふまえている。西村は、経験はしているけれども、それとして気づかずにいた感覚的な次元の営みは、経験者との対話を通して引き出すことが少なからず可能ではないかと述べている（西村 二〇〇一：二〇九）。西村によれば、経験の当事者同士が自由に対話することによって、「自分自身から解放され、さらに自分が抱いていることさえ知らなかったような考えを引き出したりもするのである」（西村 二〇〇一：二一〇）。従って、死産のケアを経験した者同士である助産師と研究者が、対話によって互いの経験に触発されつつ語り合うことは、はっきり自覚していなかった経験の次元へと接近できる可能性がある。また、このような対話によるインタビューを矢原はアクティブ・インタビューと呼び、「インタビュアーは、回答者が多様な観点から、意味の地平を切り開く手助けを行う」（矢原 二〇〇一：九五‐一一一）と述べており、同じような経験をもつ研究者との対話は、言語化しにくい感覚的経験を、我々にとっての意味へと導いていくことが期待できる。

研究参加者は、周産期臨床で死産のケアを経験した助産師二名である。データの収集期間は、二〇一一年七月から一二月までであった。インタビューの方法は、それぞれの参加者に、その時の経験をできるだけ具体的に思い起こしてもらいながら、研究者との一対一の対話によるインタビューを行った。一回のインタビュー時間は、一時間程度であった。またインタビューの回数は、研究者と語ることによって、参加者に新たな経験が生み出され、それが少なからず整理できることを目標とし、参加者と相談のうえで決め、複数回実施した。また、インタビューにあたっては、参加者の業務や身体に影響がないよう配慮した。それぞれの参加者との対話はＩＣレコーダーに録音し、逐語録を作成した。ＩＣレコーダーで録音したインタビュー内容を逐語録に起こす際の形式[2]と倫理的配慮[3]については「注」に収めた。

分析においては、参加者の語りがどのような意味をもっているのかを明らかにするために、逐語記録を何度も読み直した。参加者の経験の語りは、時間や場所が幾重にも交差したり重複したりしていた。それらを、文脈を重視しつつ解きほぐし、インタビューをしているその時に想起された、当事者も気づかなかった経験の意味とその構造に注目して分析した。そして、今にして思えばこうではないかと思い起こしながら、経験の意味を更新させている語りや、言いよどんだり繰り返したりしながら、言葉にならない思いを表出しようとしている語りを解きほぐし、助産師にその経験がいかに意味づけられていたのかを考察した。さらに結果の信頼性を求めるために、逐語録の分析に際しては、質的研究者である指導者にスーパーバイズを受けた。

三　結　果

研究参加者であるAさんは、病院臨床での勤務経験の後に、助産所で経験を積み、その後に自らも開業した三〇代後半の助産師である。またBさんは、二〇年以上病院に勤務してきた五〇代の助産師である。

Aさんは、死産した患者へのケアは、その後の自分自身に何らかの「変化」（一回目A40）をもたらすような経験だったと言い、そのケアの経験を「出会い」（一回目A40）であると語っていた。また、Bさんは、最も印象に残っているケアの経験を「忘れることができない、これからもずっと、忘れるこ

［2］ICレコーダーで録音したインタビュー内容を逐語録に起こす際の形式　固有名を（Aさん・Bさん・X病院・Y病院）のイニシャルとし、何回目のインタビューであったか冒頭に（一回目、二回目）と記述し、発話ごとに（A1、A2、B1、B2）などの通し番号をつけた。間や沈黙は、（、）を一秒の沈黙とし、その後の語りを一部省略する場合は（…）とあらわし、前の音を引きのばした表現には（ー）、疑問や問いかけには（？）を用いた。

［3］倫理的配慮は、立命館大学における人を対象とする研究倫理審査委員会の倫理審査の承認を得た（承認番号　衣笠-人-2011-03）。参加者には、研究目的や方法、参加任意であること、データの厳重な管理、結果の公表に際してはプライバシーが確保されることなどについて研究者が書面を用いて説明し同意を得た。さらに、同意書の署名後や面接中の棄権に関しても、何ら不利益をもたらすことがないことも保証した。

とはない」（一回目B1）と言い、Aさんと同じように、そのケアの経験を通して、自分が「変わっていった」（一回目B46）と語っている。

このように、AさんとBさんにとって、死産のケアは、自分自身の思考や行動に何らかの影響を与える経験であり、自分自身に何らかの変化を感じる経験であったと思われる。とりわけBさんの経験は、死産の分娩を直接に介助した時の経験を語ったものであり、ほとんどの病院臨床の助産師が少なからず経験している場面ではないかと考える。そこで、本章では、死産のケアを経験したBさんの、自分が「変わっていった」という経験がどのように成り立っているのかを記述する。

三・一　かけられなかった言葉

Bさんは、印象に残っているケアを語り始めると同時に、目から涙をこぼし、「思い出す度にね、もう気の毒で」（一回目B1）と言い、「その人のことを思い出す度に、もうほんと、（出産する為に）来てくれたらどんなにありがたいかなって。お手伝いさせてほしいなって」（一回目B2）と、今もその死産した患者が、「また（出産する為に）来てほしい思いが強い」（一回目B46）と語った。

その患者がBさんの勤務するY病院を受診したときには、すでに子どもは胎内で亡くなっていたという。だが、医学的なリスクがなく、なぜ、出産予定日近くになって、突然に胎内死亡に至ったのか、医師にも原因がまったくわからなかった。患者は、胎児が亡くなっていると医師から説明を聞いたときに、「私が悪い」（一回目B7）と泣き叫びながら自分を責めたと言う。Bさんは、患者が受診したそのときから、受け持ち看護師として分娩から産褥までを看護した。そして死産の介助をしたときは「もう、いてるだけで精一杯の状況」（一回目B3）だったと言う。

B　私ね、今振り返って見るとね、自分がどんなふうにしたんだろうかって、すごいこと思うんだけど、ただ、あの時はね。やっぱり、なんか言葉をかけたら、あのう涙が出てきそうで。言葉にならないんですよ。全然ならなくてね。かけれなくてね。なんでもっと言葉をかけてあげれんかったんかなとかね。うん。もう、いてるだけで、精一杯やったし。（一回目B3）

B　うーんねえ。ほんとに、それからこう自分がグリーフケアのことについて勉強したりする時に、あっもっと何かしてあげれたかもしれないし。いろいろ、いろいろ、今でも思うし。あっ、一年たったらお誕生日やね。とか。…（一回目B4）

B　そうやね、どうしてやろうって。自分の中でも。でもその時の状況って、自分でも、こう、はっきりしないっていうか。ふわふわしてたっていうか。こうなんて言うんだろう。うんうん。ねえ、、後で思ったらね、もっともっと声をかけてあげればよかった。もっともっと抱きしめてあげたらよかったってね。あっもう、病室でママと赤ちゃんだけいたんやったら、私も抱かせてもらって、おもいっきり私も泣いてもよかったんやみたいな。後から思ったら。ほんとに。（一回目B29）

患者にとっても医療者にとっても、突然の胎内死亡は、混乱以外のなにものでもない。それは、二〇年以上のキャリアをもつBさんでも、「自分がどんなふうにしたのか」と何度も振り返らずにはいられないケアの経験であった。Bさんは、そのときの状況を、その場に「いてるだけで精一杯」であり、「言葉をかける」と「涙が出てきそう」で、かける言葉も失ってしまったと語っている。そのときの混乱した状況を語り進めるが、やはりBさんは、「自分の中でも、その時の状況って、自分でも、こう、はっきりしない」と言い、今でもはっきり語れずにいる。そして、「後から思ったら」、「もっと何かしてあげれたかもしれない」、「もっともっと声をかけてあげればよかった」、「もっともっと抱きしめてあげたらよかった」と、後に何度もそのときのケアを振り返った経験を語った。また、今でも、「いろいろ思う」と言い、「なんでもっと言葉をかけてあげれんかったのか」とそのときに、かけてあげたかった言葉を、今も探し続けているかのような語りであった。

そして、Bさんは、「いてるのが精一杯」という状況のなかで死産の介助をしたことを語り始める。それはBさんにとって「すごい不思議」（一回目B3）な経験だった。

B　生まれてきてもね。その子が、生きて、、いないっていう感覚がな、なかったんですよ。なんかどう言ったらいいんだろう。すごい不思議で。いつもどおり赤ちゃんとりあげて、身体をきれいにして。とにかく早くもう抱いてほしいという思いだけで。抱いてもらって。そのね。その間、なんの、なんのためらいもなかったなって。その会ってもらうとか、抱っこしてもらうとかっていう。それは当たり前のいつものことのように、赤ちゃんに、、、赤ちゃんを見てもらって、会ってもらって、抱いてもらった。うん。（一回目B3）

私　ああ、でもBさん、いつもどおりにっていうのは、ほんとに大変でしたね。

B　うん。もうママも手を広げてね。うん。こう抱きとめてくれたし。周りに、いっぱい家族の人ね。もう入りたい人、全部入ってもらったし。上の子もいたし。うん、、、なんかこの子、亡くなってるんだなっっていう感じがねえ。なんて言うんだろう、それほど、なんてかー泣いてもおかしくないやんかって感じ、、、、、。うーんねえ。（一回目B４）

死産の分娩介助をしたそのときのことは、Bさんにとって、亡くなって生まれてきた子どもが、「生きていないという感覚がなかった」という「すごい不思議」な経験として記憶されている。Bさんはその時、生きて生まれてきた子どもにするケアと同じように「いつもどおり」に「赤ちゃんをとりあげて、身体をきれい」に整えて、[4]「とにかく早く抱いてほしい」という思いでケアをした。そして、その分娩室には「入りたい人には、全部入って」もらったために、「周りにいっぱい家族の人」や「上の子」がいた。そして家族に囲まれたその中で、Bさんが「とにかく早く抱いてほしい」という思いで手渡した、亡くなっている子どもを、患者は「手を広げて」、「抱きとめてくれた」のである。このときのBさんは、亡くなった子どもを抱いてもらうことや会ってもらうことを、「当たり前のいつものこと」と感じることができ、そのケアに対して「なんのためらいもなかった」と言い切れるような経験だったと語っている。

［4］分娩介助を職業とする女性は、江戸時代中期までは、一般に「とりあげばば」と呼ばれており、その役目は、生まれ落ちた子のへその緒を切って「その子をこの世にとりあげてあげる」といった意味もあると文化人類学者の吉村典子が述べている（吉村 一九九二：二〇）。

Bさんの「取り上げて、きれいにして」という行為は、生まれてきた子どもの臍帯を切り、分娩時の血液などをきれいに拭き、また温かいタオルなどで子どもをくるみ母親に手渡した行為だったと思われる。

さらに、そのときのケアの経験について、二回目の対話のなかでも振り返りながら、「何も躊躇することもなく、自然」（二回目B5）にしたケアだったかもしれないとも語っている。

B　今思ったら、赤ちゃんと対面しますかってことを、ほんとなら、確認するんでしょうね。でもそういったことは、自分の中にいっさいなくて、それが普通やんって。何も躊躇することもなく、自然で。そしたらママが手を広げて抱きとめてくれて。うんうん。（二回目B5）
B　あのういつもならね。ふだんやってることは、明るいところで、音もあるでしょ。でもあの時はね、照明もなく音もなく、あるのは、もう泣き声だけなんですよ。息遣いは次第にあらくなるんだけど。うんうん。なんて言うか、ほんまに普段と全然、全然違う環境の中でのね。雰囲気の中で。そうやな。うーん。これが、言い方正しいかどうか。自然の中やなって。感じやったかな。（二回目B6）
B　そうそう。薄暗くして、静かなところで。ほんまに。この子亡くなってる感じがね。全然こう。自分もね、全然認識できないですよね。ほんまに。泣いてもおかしくないような状況で。（二回目B8）

Bさんは、死産のケアをする際には、亡くなった子どもと産んだ母親が対面することに対して、事前に両親の希望を「ほんとなら、確認する」はずだったと言う。しかしそのときには、そのような手続きにかかわる行動がBさんに起こらず、通常なら感じるはずの躊躇などがいっさいなく、「それが普通」と感じ、患者が手を広げる腕の中へ「自然」に亡くなった赤ちゃんを手渡すことができた。加えて、躊躇なく「自然」に行ったケアの環境についても語っている。それは、生きている子どもが生まれてくるときの「いつも」の「ふだんやっている」明るく音のある環境とはまったく違う、「照明もない」、「音もない」、「薄暗くして、静かなところ」であり、Bさんはそこにもいつもとは違う「自然の中」を感じていた。この経験からは、今まで自分が経験したことのない「不思議」を感じながら、しかしながら自分の行動には、「何のためらいもなかった」と想起しているのである。つまりこの時のこの経験は、一方ではBさんにかける言葉を失わせたが、同時にBさんの「躊躇」や「ためらい」という感覚的経験にも変化をもたらしたようである。

三・二　あんなふうに言った言葉

そしてBさんは、さらに何年も前に自分が行った別の死産のケアを想起していく。それは、何年も前に患者に言ってしまった言葉が今でも「頭に残って」（一回目B25）いるという経験である。その当時は、亡くなった子どもを「ママと会わせることをためらうような雰囲気」（一回目B23）がまわりにあり、Bさん自身もそう思っていたと言う。

B　私ね、いつやったかな。昔ね、三六週で（臍帯の）巻絡が結構きつくて、亡くなってしまった子がいたんです。なかなか三六週までになるまでにも切迫流産、切迫早産もあり、せっかく一〇ヶ月になったのに、そういう状況になってしまって。私ね、なんて言っていいのかわからなくて、だいぶ前ですね。なんでそんなこと言うたんやろうって。「つらいよねって、次また、赤ちゃんつくってくださいね」みたいなことを言って。今だったら、そんなことはタブーやろうなって思うんだけど。その時は、そこまで考えがいかなかって。その後で、主任さんから「次の子のことは言わんほうがいいで」みたいなことを言われて。そうか、そう言うもんかって。その時はそれだけで終わって。そして二年くらいして、今度は、元気な赤ちゃんを産んでくれたんです。で、私は、でもずっとそのことが頭に残ってて。そしたら、そのことを「あの時、そう言ってもらって、よかったなって思う」って言ってくれたんですよ。えって、ほんとにそう思ってはるんかなって。きっとね。その子はその子じゃないですか。今ならそのことは、重々わかるのに、でもね、そんなふうに、今ね元気な赤ちゃんを抱いて、言ってもらってよかったみたいなことを言われてね。ほんまにびっくりしたんですよ。そうや、あんなことを言ってしまったんだって。（一回目B22）
私　あのそれは、その時代というのは、時代でどんどんケアが変わってきたような感じですか。
B　あの頃って、私があの頃を思うには、ママと会わせることをためらうような雰囲気。うんうん。そういう時やったと思うんですよ。できるだけそっと、なかったことにはしないんだけど。そっと自然と忘れていけるような。そうだったんと違うかなと思う。（一回目B23）

そしてBさんは、その当時のケアに対する自分の思いも語っている。

B　やっぱり、出会ってしまったら、見てしまったら、抱いてしまったら、もうつらさだけがつのるのではと、私もやっぱりそう思ってたんですよ。でも、いろいろ勉強するうちに、あっ、そうじゃないんだ。きちんと自分の中で受け入れるためには、やっぱり現実を、現実に向かうっていうことが大事、、あの時、どうして会わなかったんだろう、この手で抱かんかったんやろうっていう後悔のほうが大きいと思うんです。でも以

前はまわりが、そうでなかった。（一回目B24）
B　だから、「はやく次の赤ちゃんつくってね」みたいな言葉になったんやろうなって。なんかね、あんなふうに言った言葉がずっと、それから、グリーフケアのことを知るとそれが頭に残ってて。次の子の時にそんなふうに言ってくれて、でも残ってたんだよね。きっとその人の中に。やっぱり、代わりにはなれないですよね。（一回目B25）

Bさんが対話のなかで思い出して語った経験は、まだ周産期の現場に、今のようなグリーフケアがされていない時代の経験であった。その当時に行っていたケアについて、Bさんは「なかったことにはしないけれど、自然にそっと忘れていけるような」と語っている。またその当時は、Bさんも表現しているように、亡くなった子どもと産んだ母親との面会をためらうような雰囲気がまわりにあり、現在とは違うケアが行なわれていたとも読み取れる。おそらくその当時のBさんたちも死産を「なかったこと」にはできないことを知っていた。しかしながら、患者を思いやって、そっと自然に忘れていけるように、ケアをしていたことが伺える。「つらいよねって、次また、赤ちゃんつくってくださいね」という言葉には、亡くなったその子の代わりにはなれないということはわかっているが、自然にそっと乗り越えてほしいという願いがこもっていたのだろう。しかし、Bさんはその後に、グリーフケアを追求すればするほど、患者が死産を「きちんと自分の中で受け入れるためには、やっぱり現実を、現実に向かうっていうことが大事」であり、後に、亡くなった子どもと「どうして会わなかったんだろう」、「この手で抱かんかったんやろう」と後悔しないように、ケアをしていくことが大切なのだと考えるようになっていく。そして「つらいよねって、次また、赤ちゃんつくってくださいね」と言った自分の言葉が、「あんなふうに言った言葉」としてずっと「グリーフケアを知るとそれが頭に残って」おり、何かのきっかけで振り返るたびに、またそのときを想起して反省してしまうのである。

三・三　言葉を超えるケア

またBさんは二回目の対話のなかでも、一回目の対話で語られた「言葉にならない」経験（一回目B3）を振り返っている。そしてグリーフケアを知る以前の、あんなふうに言った経験にもう一度ふれながら、「なんのためらいもなく」、「自然に」できた死産のケアの、「言葉にならなかった」沈黙の意味を探求していく。

B　いやあ。もう全然。何もしゃべれんかった。ほんとにどう声かけていいのか。かけてあげれなかったですね。ただただ、少しでも、苦痛をとってあげたいって。楽にお産してほしいって思ったかな。（二回目B22）
私　それがすごいのかな。ほんとに、多分。
B　どんな言葉も、この場にこう適した言葉って言うたら言い方がおかしいかもしれないし。うんうん。（二回目B23）
私　言葉、、、言葉じゃないんでしょうね。多分。
B　いや、でも、もう、それまでに、ああ、三六週で亡くなった方に、そういった、自分の不用意に発してしまった言葉もあるし。うんうん。ねえ。（二回目B24）

私　その時お母さんは何か言われたんでしたね。
B　次の子が生まれた時にね。なんかね。「産んでよかった」って言いはったんかな。私の言うた言葉を肯定的に捉えてくれてたんですよ。その時は、次の子っていう言葉は、その、よくないんやって。慰めにもならんへんのやって言うことを、知らずにそう言ってしまって。つらい思いを余計、与えたんやろうなって。（二回目B26）
私　お母さんの気持ちを慰めることはできなくても、少しでも楽にしようと思う気持ちから出た言葉だったと伝わるんですかね。お母さんたちは感じとるから、、、。
B　感じとってはるね。ほんまやね、、、。どんな言葉をかければって思えば思う程、私は全然出なくなってしまって。（二回目B27）

Bさんにとって「できるだけそっと自然と忘れていけるようにした時代」に、Bさんが「不用意に発してしまった言葉」として反省している経験は、今もそしてこれからもBさんのなかで、幾度となく想起される経験なのだろう。そして「どんな言葉をかければ」と思えば思うほど、言葉が「全然出なくなってしまった」としても、Bさんはずっと忘れることはなく、言葉を探し続けてきたのだろう。そうであれば、Bさんが経験した「忘れることができない、これからもずっと、忘れることはない」死産のケアのなかでの「言葉にならない」沈黙は、何もしていないことを意味する沈黙ではなかったといえる。

Bさんはそのとき「どんな言葉をかければ」と言葉を探しながら「ただただ、苦痛をとってあげたい」、「楽にお産してほしい」と願い、周りの家族とともに、亡くなって生まれてくる子どもの出産の場に身を置き、そして生まれてくる子どもをケアするときと同じように「何のためらいもなく」自然にケアができたのである。Bさんは対話のなかで何度もその経験を振り返り、患者がBさんの思いに応えるように、子どもを受け止めてくれたことを語りながら、またその経験を通して、それ以前のBさんのなかにあった、何らかの「ためらい」がなくなっていたことを語りながら、自分が沈黙してしまった意味をもう一度新たに捉え直すのである。そしてあのときの、「ただただ、楽にお産してほしい」と願って自然に行えたケアのなかには、確かにBさんが探し続けているような言葉はなかったかもしれないが、「どんな言葉もこの場にこう適した言葉」はなく、何か言葉を「言うたら言い方がおかしい」と感じられるようなケアだったと気づいていくのである。

四　考　察

Bさんに何らかの変化をもたらしたと考えられる記述を、ケアする者とケアされる者との関係性という視点から考察を試みる。

まずBさんの、死産の分娩介助の際に、生きている子どもが生まれてくるときと同じようにケアができた「不思議」な感覚に注目をしてみよう。これは、Bさんにとって、かける言葉がみつからないほどの状況ではあったたが、沈黙しながらも家族とともに亡くなって生まれてくる子どもの出産の場所に身を置いたなかから、当たり前に「自然」にできたケアとして語られている。またBさんは、そのときに「なんのためらいもなかった」ことや「躊躇」することがなかったことを繰り返し語っている。しかもBさんはケアそのものを、意図的に行ったケアとして語ってはいない。ためらう余地もなく当たり前で自然な営みであるかのように語っている。また、どのような「ためらい」があったかについては、そのあとに、思い出したように語りはじめた、「できるだけそっと忘れてしまえるように」ケアをしていた時代の経験も交叉し混ざり合っているように見てとれた。

Bさんは「ためらい」の一つを、亡くなった子どもと産んだ母親とが面会することとして語っている。助産師が行う分娩時のケアは、陣痛の痛みや不安に寄り添いながら、安全な分娩ができるように見守ることである。産みの苦しみの先には、初めて親子として出会える瞬間があり、それは喜びと達成感に満ちた場面といえよう。しかし死産の場合にはここが圧倒的に異なっているのである。亡くなった子どもを出産する苦しみとはいかなるものだろう。それは計り知れない苦しみである。しかしながらそのとき助産師は、いったい何ができるというのであろう。多くの助産師は、何もできない自分を知ることになるのである。

二〇年という長いキャリアをもつBさんは、過去のさまざまな経験を契機にグリーフケアを追求するようになり、死産した患者が悲しみを乗り越えるためには、当の患者が、亡くなった子どもと出会うことが大事なのではないか、と考えて実践を行ってきた。だがBさんは、この死産のケアを経験するまでは、おそらく、生まれた瞬間に、その子が「生きている子ども」とはまったく異なるゆえの「躊躇」や「ためらい」を常に経験していたと思われる。それがこのときには、生きている子どもが生まれてくるときと同じように「何のためらいもなく」ケアすることができたのだ。Bさんがその経験を語るときに、自分から行ったケアというより、自分の力は到底およばない「不思議」な経験として感じられたのは、ある意味、何もできない助産師である自分自身をよく知っていたためとも考えられる。計り知れない苦しみをケアすることなど助産師には到底できない。がしかし、それでも何か寄り添うことができないかと、患者にかける言葉を探しつづけ、そしてその場に身を置き、その場にいるということが、新たな経験の意味を浮き上がらせることにつながっているのではないだろうか。

これらの経験は、メルロ＝ポンティが記述した「私の諸経験の交叉点で、また私の経験と他者の経験との交叉点で、それら諸経験のからみ合いによってあらわれてくる意味」（メルロ＝ポンティ 二〇〇九：二三）を探すことにも通底している。ここでいう「私の諸経験」には、Bさんがかける言葉も失った死産のケアの経験と、さらに対話が進むなかから思い出したように語った不用意に言葉をかけてしまった死産のケアでの経験も含まれからみ合っている。そしてそれは、亡くなった子どもが生まれるという他者である患者の経験とも交叉しており、それらの諸経験の交叉したからみ合いこそが、Bさんに患者にかける言葉を失わせ、同時にそのケアをする以前にあった「ためらい」をなくさせ、子どもが亡くなっていることを意識せずに死産の介助を経験させたのである。つまり、他者である患者の死産の経験と、Bさんのケアの諸経験の交叉点のからみ合いのなかで、Bさんは、少しでも患者を楽にしてあげたいと願い、その場に適したケアに近づこうとし、ためらいなく亡くなった子どものケアを自然に行うことができ、そしてあのときに本当にかけてほしい言葉は何だっただろうと探しつづけるようになったのである。また研究者と対話をしながら振り返ることも、ケアを経験したときの過去のBさんの経験と今また新たに語り直しているBさんの経験の交叉を導き、さらにBさんの語りを聞く研究者自身の経験との交叉を導いているように思われる。こうしてこれらの諸経験のからみ合いによって、新たな経験の意味が現われてくるように思われる。

それでは、Bさんの言葉を失うほどの沈黙には、どのような意味があるといえるだろう。Bさんは、沈黙しながらも、「ただただ、楽にお産をしてほしい」と願いながら、家族とともに、亡くなっている子どもが生まれてくる場に自分の身を置いている。その沈黙のなかには、Bさん自身の混乱や動揺だけではなく、「楽にお産をしてほしい」と願う祈りのような気持ちや、生きて生まれてくる子どもと同じように、亡くなって生まれてくる子どもの誕生を静かに見守ろうとする気持ちなどが含まれている。そして、躊躇することなく亡くなって生まれてくる子どもの誕生の介助を、自然に行うのである。そのケアはBさん自身が、過去のケアの経験の後に、長い時間をかけて探し続けているその場に適した言葉そのものではなかったが、患者は亡くなった子どもをしっかりと受け止めて胸に抱くことができ、Bさんにとっても、それ以前のBさんのなかにあった、「ためらい」がなくなるような経験であった。

このような沈黙について吉田は、「他者との水平の関係のなかの真の対話において、沈黙の後に、生まれくるものを期待する」（吉田 二〇〇七：六一）と著している。吉田によれば、他者と真に向き合うことで既存の言葉を亡くした沈黙には「ひたすら待ち望む」（吉田 二〇〇七：六一）という願いや意味が含まれているのである。

二〇年以上のキャリアをもつBさんは、亡くなった子どもを出産するという計り知れない苦しみがあるであろう患者の前では、自分自身に何かができるとは思っていない。Bさんの語りのなかにあるように、何もできない自分を自覚しながらも「ただただ、楽にお産をしてほしい」と願い、生きて生まれてくる子どもを介助するときと同じように、亡くなって生まれてくる子どもの誕生を祈り待ちつづけ、その場にいることだけしかできないのである。しかしこの沈黙してしまったケアのなかには、その後に何度も繰り返しBさんに「沈黙の意味」を問い続けさせる契機が含まれていたのである。そして研究者との対話のなかで「できるだけそっと忘れてしまえるように」ケアをした過去の経験を想起し振り返りながら、また新たに、あのときの「ただただ、楽にお産してほしい」と願い、自然に行ったケアが、つまり、その場に適した言葉を探すというのではなく、沈黙そのものに意味があるという沈黙の意味の新たな気づきへとBさん自身を導いていったのである。

このように、他者である患者に、真に向き合おうとする死産のケアは、助産師にとっては、目撃者としての罪悪感や悲哀を感じさせるだけのものではなく、ケアする者を新たな気づきへと導いていくものである。言い換えると、それは、ケアする者とケアされる者の交叉・関係性のなかで、真にかかわり合うことから新たに浮かび上がってくる意味を探し続ける連動的な働きであるとも考えられる。そして、忘れることなく探求し続けることによって、当初は自分の行いに対する意識的な反省のため、背景に退いてみえなくなってしまっていた経験の意味が、さらに厚みをもって明らかになっていくのである。もっといえば、死産をケアする者である助産師の経験には、ケアされる者である亡くなった子どもと遺された家族の関係性のなかで、あたかもメイヤロフのいうような、自分自身もケアされ成長する相互性があると考える。

五　まとめ

本章での研究においては、死産のケアをする助産師の経験には、他者である患者に向かい合い、ケアの経験の意味を自分に問い直し、自らも成長する姿が記述された。真に応答する死産のケアの経験は、幾重にも経験を重ねながら、また新たな深みのある気づきへと導くものであると考える。

【文　献】

太田尚子（二〇〇六）「死産で子どもを亡くした母親たちの視点から見たケア・ニーズ」、『日本助産学会誌』、第二〇巻第一号、一六―二五
クラウス、M、H・ケネル、J、H（一九八五）『親と子のきずな』、竹内　徹・柏木哲夫・横尾京子［訳］、医学書院
武井麻子（二〇一一）「医療従事者の傷つきと回復　医療者の死をめぐって」、『トラウマティック・ストレス』、第九巻第二号、一七五―一八三
西村ユミ（二〇〇一）『語りかける身体』、ゆみる出版
ボウルビィ、J（一九八一）『母子関係の理論Ⅲ　対象喪失』、黒田実郎・岡田洋子・吉田恒子［訳］、岩崎学術出版社
メイヤロフ、M（二〇一一）『ケアの本質』、田村　真・向野宣之［訳］、ゆみる出版
メルロ=ポンティ、M（二〇〇九）『知覚の現象学Ⅰ』、竹内芳郎・小木貞孝［訳］、みすず書房
矢原隆行（二〇〇一）「インタビューという可能性　コミュニケーションとしてのアクティブ・インタビューの観点から」、『社会分析』、第二九号、九五―一一一
吉田敦彦（二〇〇七）『ブーバー対話論とホリスティック教育』、勁草書房
吉村典子（一九九二）『子どもを産む』、岩波書店
米田昌代（二〇〇七）「周産期の死の「望ましいケア」の実態およびケアに対する看護者の主観的評価とその関連要因」、『日本助産学会誌』、第二一巻第二号、四六―五七
リフトン、R、J（一九八九）『現代《いま》、死にふれて生きる――精神分析から自己形成パラダイムへ』、渡辺　牧・水野節夫［訳］、有信堂

第五章　看護師の実践を支える経験
——経験を積んだ看護師の語りを通して

籔内佳子

一　看護師の職務継続と離職

一・一　看護師として働き続けること

医療技術の進歩に伴い、看護師にも高度な医療知識と対応が求められている。またそれゆえに、看護師への期待も高まっているが、毎年全体の一〇パーセント前後の看護師が離職しているという現状もある（日本看護協会二〇一〇）。しかし、このような状況のなか、筆者は二〇年以上、働く病棟も、施設もいくつか変えてきてはいるが、どこにいても看護師として働くことだけは辞めずに今日に至っている。そして、これらの経験を通して、看護師を辞めていく仲間が多いなか、二〇年以上看護師として働いている筆者の看護実践を長年支えているものは何であるのかと改めて考えるようになった。

看護師として働いてきたなかで、多くの患者との出会いと別れを経験してきた。そのなかで特に印象に残っているのは、筆者が看護師として働き始めて一年目に出会った患者である。その患者とのかかわりを通して、筆者は看護師として働いていくうえで大切であると思える数多くのことを学び、その経験を自分なりに振り返って看護のもつ力を実感した。筆者の看護観は、さまざまな患者や看護師と出会い多くを学ぶ経験のなかで、〈看護の看は「看ること」、つまり患者の表面には現われてはいない、見えないところまでも「看る」努力をし、見えないところにまで配慮すること〉として形づくられ、今なお経験の更新のなかで変化しつつ、今の私の看護実践を支えてくれているように思われる。

このように、看護師として働くなかでのさまざまな経験が筆者の看護観を作りあげ、その看護観が今の私の看護師としての在り方を導き、看護実践を支える根底となっているように思われるわけだが、そのことに気づいたことによって、今度は筆者以外の看護師たちの個別の経験や行為の意味はどのように志向され、看護実践を続けていくことにつながっているのだろうかという問いが生まれてきた。それが本章の考察の動機である。

一・二　離職と継続の要因ではみえないこと

看護師の離職については、以前から多くの調査研究が行われ、離職や職務継続につながる要因について、多重比較検定やクロス検定などにより明らかにされてきた（中山 一九九四、前山 二〇〇三、原 二〇〇七）。看護師として働き続けることを支える経験については、看護師の経験やエピソードに焦点を当てた先行研究がみられ、グランデット・セオリー・アプローチやＫＪ法によるカテゴリー分類や、その分析からの概念創出、要因の検討を通してデーターを組織化し、看護師の経験と職業継続との関係を概念や要因に集約させて探求してきたものが多い（鈴木 二〇〇一、徳永 二〇〇九、岡本 二〇〇三）。このように、先行研究では看護師の経験に焦点を当てて、看護師一人ひとりの文脈から彼らの実践がいかに支えられているのかを探求しているものは少ない。西村ユミは、「一人ひとりの看護婦の経験を、その人の中に流れる文脈に沿わせることで浮かび上がらせることのできる意味は、グランデット・セオリー・アプローチのように、一人の経験をバラバラに分析して他者や自己の経験と比較検討すること、によっては捉えられない」（西村 二〇〇一：三六）と指摘しているが、確かに看護師一人ひとりの経験をその文脈から切り離し、カテゴリー化し、データを抽象化して概念の抽出や要因の探求を行う方法では、看護師として働き続ける一人ひとりの経験の成り立ちや意味について解釈することは難しいのではないかと思われる。

本章では、筆者と同じように長年看護師として働いてきた者が、なぜ病む人とともに生きる世界に留まることができているのか、彼らは自らの実践経験をどのように受け止め、自分のなかにどのように意味づけてきたのか、彼らの経験は看護実践を継続していることとどのようにかかわっているのかを、個々の看護師の経験をもとに、その経験に忠実に探求したい。しかし、そのためには、どのような方法をとったらよいのだろうか。

一・三　看護師の経験を記述するということ

我々が自己を含めた人間の内的世界を理解する唯一の方法について、池川は「その人が、何をどのように見、どのように意味づけているのか、言い換えると、その人が世界にいかにかかわっているかを直接問う以外はないのである」（池川 一九九一：一九四）と述べている。つまり、看護師たちの経験の成り立ちや意味づけ方を理解するためには、看護師である「その人」がいかに世界とかかわり、そのかかわりを意味づけているのかを、その人から学ぶこと以外にないのである。

しかし、本人が自分の経験の成り立ちやその意味づけをはっきりと自覚しているとは限らない。むしろ、そうしたものは、本人にも気づかれずに留まっていることが多いのではないだろうか。西村は、他者の前意識的な層における経験、つまり、その当事者もはっきりと自覚していない経験へと接近するために、経験の当事者との自由な対話を試みている。「対話によって生み出された「語り」のうちに、意識的な反省によっては気づけない前意識的な層における経験が、僅かながら潜んでいる」（西村二〇〇一：二二〇）可能性があるためである。この研究で手がかりとされているメルロ＝ポンティが述べている通り、「何か純粋存在といったようなものではなくて、私の諸経験の交叉点で、また私の経験と他者の経験との交叉点で、それら諸経験のからみ合いによってあらわれてくる意味」（メルロ＝ポンティ一九六七：二三）が明らかにされなければならないのである。

そこで、本章では看護師の経験を当事者の視点から理解するために、看護師との対話を行い、その語りのなかからそれぞれの経験がいかに成り立っているのかを記述する方法をとることとした。紙幅の関係で、本章では考察対象を一人に絞らざるをえなかったが、研究協力者の看護師のさまざまな経験が当人にどのような意味をもたらしたのかを考察することを糸口として、看護師の経験において看護観がいかに成り立ち、またそれが看護師の看護実践といかにつながっていくのかを探求していく。

具体的には、二〇年以上看護師として働いている研究協力者一名に対して半構造化インタビューを行い、その語り方や記述内容に基づいて、考察を展開した[1]。

二　長年経験を積んだ看護師の語り

本章では、自らの看護経験や看護師として大切にしていることを語ってくれたAさんの経験を、文脈に沿って記述する。[2] なお、記述ではインタビューデータを抜粋して紹介するが、その際、インタビュアーである筆者についてはアルファベットのIで記す。また抜粋の最後に、データのページ数と行数を記した。

二・一　Aさんの語り

Aさんは四〇代後半の女性で、二五年間看護師として働き、現在は看護師長として働いている。Aさんのことは、研究協力機関として選んだ病院の看護部長から紹介してもらった。看護部長から「とても看護に情熱のある人だから、色々話してくれると思う」と言われたとおり、積極的に話をしてくれる、笑顔の多い明るい印象の人だった。Aさんは「聞かれることをその場で答えればいいと思った」と言って、事前に何を喋ろうか考えてはいなかったとのことだった。

とりあえず資格がほしい／自分の好きな仕事

Aさんに、「今まで二五年間働いてこられた中で、今の看護観を作りあげてきたと思われる経験についてお話しいただけるような、具体的な経験があればちょっと教えていただきたいのですが」と筆者がお願いするると、「看護師になろうと思ったきっかけか、もしくは看護学生になってからの経験で良いですか？」と言い、看護助手として働きながら看護学校に行くことを選んだ経緯から話してくれた。

A：経済的にで、ちょっと働きながら、えっと、働いて収入を得て、ずっと自立できるって言う選択肢の中で、あの、看護師で。〔…略…〕最初は学校の先生、小学校の先生とかに憧れて、そういう教師になりないたって気持ちがあったんですけど、全然勉強もがんばられへんかったで、ちょっと一回頑張って勉強して、看護師に、看護学校に入って。はい。それが、だったんです。だからその時はまだ看護師が好きとか嫌いとか……。でもこの仕事途中で辞めたら自分は何も残らない、とりあえず資格がほしい、資格があったらずっと働ける、ていう。なんかあっても母の面倒も見れますし、経済的な自立ていうのがあったんですね。だから、うーん、本当に好きか嫌いかとか訳が分らなかったんですけれど、ただなりたい、なりたいって必死で。（A1-1-26）

最初は「小学校の先生とかに憧れて」いたAさんだったが、「全然勉強もがんばらへん」かったことや、

［1］本研究は、事前に筆者が所属する大学内の研究倫理審査委員会の承諾を得た。インタビューデータは研究者自身が逐語録を作成、分析し、所属の医療機関名や個人名が第三者に特定されないように匿名化するなど、プライバシーおよび個人情報の保護に努めた。

［2］本文中で抜粋したAさんの語りは、A：と記述し、筆者の語りはI：とした。また、逐語録のページ数は、語りの最後にそれぞれ（インタビュー回数-逐語録のページ数-行数）を記載した。

「経済的な自立」のために「とりあえず資格が欲しい」と考え、「働きながら」、「資格」を取ることができる職業として、看護師になることを選んだと語った。当時のAさんが、看護師は「資格があったらずっと働ける」、「ずっと自立できる」職業だと捉えていたことがわかる。

別の会話でAさんは、幼い頃から母親の入院する病院に通っていたため、看護師を目にする機会が多かったことを語っている。幼い頃から看護師が身近な存在だったにもかかわらず、「好きとか嫌い」で看護師になることを選んだのではないということを繰り返し語っている。これらの語りから、Aさんは教師になりたいという気持ちをもちながらも、「好き嫌い」という感情ではなく、とにかく自立することを最優先に看護師になることを選び、「この仕事を途中で辞めたら自分は何も残らない」と考えていたことがわかる。これはAさんが、「なりたいって必死」な強い思いをもって看護師になるために努力してきたことを強調した表現であるといえるだろう。

A：〔…略…〕全然この職業が嫌いになれないですね。今でもやっぱり自分看護師になってよかったって思いますし、ずっと続けてこれたことを自分でも誇りに思っているので、あのー、はい。
I：なぜ続けてこれたと思いますか？
A：不思議ですね。でも、生きるためにって思ってるんですけど、一石二鳥やなって思って。
I：あっ、はい？
A：あのー、生活していかないといけないし、自分の親のこととか、病気で今も爆弾抱えているような状態なので、いつ面倒見なければいけなくなるかもって状態なので。色々ある中で、経済的な自立できるってこと、自分が好きな仕事ができて、お金ももらえて、こんなすごい仕事はないなって思うんですけど。お金のためにだけ、生活のためにだけ働くのではなくて、自分の好きな仕事して、尚且つお金ももらえるので……。はー、すごいなって思いますね。だからやってこれてるんかなって思いますけど。（A１－６－１６）

二五年間看護師として働き続けてきたAさんは、「今でも」、「やっぱり」、「看護師になってよかった」、「ずっと続けてこれたこと」を「自分でも誇りに思っている」と語った。そして、「好き嫌い」という感情で看護師になることを選んだわけではないと断るAさんだったが、「全然この職業が嫌いになれない」と思っており、看護師の仕事を続けてくることができた理由については、「不思議ですね」と表現しながらも、「お金のためだけに、生活のためにだけ」ではないとあえて語り、「自分の好きな仕事」として看護師を続け、「尚且つお金ももらえる」ことを、「すごいなって思いますね」と語っている。

これらの語りから、Aさんは「なぜ続けてこれたと思いますか」という筆者の問いに対して答えていくなかで、これまでの看護師として働いてきた経験や思いを振り返ることとなったようだ。それゆえ、「不思議」、「生きるため」と応じながらも、語ることを通して「お金のためにだけ、生活のためにだけ」では看護師の仕事を「ずっと続けて」くることはできなかったこと、つまり、自分が看護師の仕事が好きだからこそ続けることができていることを改めて自覚したのであろう。

さらに、Aさんは看護師になることを「好き嫌い」で選んだわけではないと断りながらも、「今でも」、「やっぱり」、「看護師になってよかった」と思うと語っている。この「今でも」、「やっぱり」という表現から、Aさんが看護師になることを選んだときから、看護師の仕事に対して「好き」という気持ちをもっていたことが推測される。

そして、Aさんが看護師になった本来の目的である「経済的な自立」も果たせたからこそ、「やっぱり」という表現を用いて、「自分の好きな仕事」である看護師を続けてきたことを、「看護師になってよかった」、ずっと続けて来た自分を「誇り」に思う、と語ることができたのではないだろうか。

私でも患者さんに何かできる

（一）「何とかしたい」、「させてもらっている」　看護師を自分の好きな仕事と感じているAさんは、その思いの原点になる経験について次のように語ってくれた。

A：働きながらでしたので、学生助手で、働いて。はい。で学校で話し、授業で聞きながら、わぁ、看護師って良いなーって。どんどん憧れるようになりました。〔…略…〕腹膜播腫で、もう手術、お腹開けても、もう手術できる状態じゃなくって、試験開腹で閉じてしまったおばあちゃんが入院されていたんです。で、その患者さんになんとか少しでも楽にって考えて、学校で習った足浴であるとか、身体援助ですので。で、先輩に怒られながら、晩の九時に湿布周ったりとか、仕事しないといけないんですけど、皆は仕事終わったら直ぐ詰所に帰ってきはるんですけど、私はその患者さんに何とかしたいって自分で思っていたので、あのー、時間内にできる事って、ずっと夜、ずっと足浴とかさしてもらって、で、「あー気持ち良い」とか言ってくれはるんです。で、結局そのおばあちゃんは亡くなられたんですけど、後からその家族の人も感謝してるって言ってくれはって……。で、その時私でも喜んでもらえるんだって。（A1-1-35）

A：学校で習ったことが、で、それは学生でも、外来でも、ちっちゃい病院ですから、外科とか内科とかの診察に付いたりするんですけど、そんな時とかでも、あっこれ習ったなーとか、色々一個ずつが繋がっていくというか、わかって行って、なんかすごく楽しいなーって。思いました。辛かったですけど、うーん、楽しい方が、とりあえず。私は看護師好きなんやなーって。はい。

I：で、尚且つ、楽しいというか色んな学んだ事を実践でそうだそうだって自分のものにして行きながら……。

A：はい、はい。そうです。

I：して行きながら、誰かの役に立っているというか、そういう実感をその人とのやり取りの中で感じて行きながら、それが自分の中でどんどんやりがいになって行って、繋がって行ったってことですか？

A：そう思いますけど……。何もできないです、資格も無いですから。注射もできない、何もできない中で、その一湿布したり、ちょっとマッサージしたりだとか、肩もんだりとか、できる事って知れてるんですけど、でもそれー、そうすることが嬉しかったですね。自分のすることで患者さんに喜んでもらえるってことが。

（A１－４－１６）

この語りのなかでAさんは、学生助手として働くなかで出会った「腹膜播腫」で「お腹開けても、もう手術できる状態」ではない患者の状態に、「何とか少しでも楽に」、「何とかしたい」という気持ちを引き出されている。そしてそれに促されて「資格の無い」自分は「何もできない」という気持ちを抱きながらも、「できる事」をしていることがわかる。だからAさんは、「何とかしたい」と「自分で」思っていたと語ったのではないだろうか。

またAさんが、「資格の無い」自分は「注射もできない」と語っていることから、この患者を楽にするためには「注射」することが必要なのだと思っていた可能性がある。あるいは、実際に「注射」をすることで、楽になったという状況があったのかもしれない。しかし「資格の無い」Aさんは、それが自分ではできないこともわかっている。だが、Aさんは「できない」自分でありながらも、そこで何もしないのではなく、「注射」以外で自分が患者を少しでも楽にできることを思考し、「足浴とかをさしてもらって」いたことを語っているのではないだろうか。そして、患者に「あー気持ち良い」と言ってもらうことができ、家族からも「感謝している」と言われた経験を通して、「自分のすることで患者さんに喜んでもらえる」と、学生の自分でも看護師の勉強をしていることで誰かの役に立てる経験をしていることが読み取れる。

さらにこれらの語りから、「お腹開けても、もう手術できる状態」ではない患者の姿がAさんを引き寄せ、その姿に応答する形でAさんが「自分で」この患者のことを大切に思い、「何とかしてあげたい」と思ったことがわかる。そして、Aさんがこの患者に対して「何とかしてあげたい」という気持ちがあるからこそ、「何もできない」と思うのであり、看護師の「資格が無い」、「自分で」もできることを、Aさんが見つけたい、行いたいと思ったからこそ、「さしてもらっている」と語ったのではないだろうか。「先輩に怒られながら」、「皆は仕事が終わったら直ぐに詰所に帰ってきはる」なかで、Aさんを患者の元に向かわせたのは、この「さしてもらっている」という気持ちであったと思われる。

このように、「何もできない」と思っていた「資格の無い」Aさんにとって、患者に足浴やマッサージなどをすることは、その患者を楽にするためであるとともに、「自分のすることで患者さんに喜んでもらえるってこと」が嬉しいと感じるAさん自身のためであったともいえるだろう。そのため、自分が誰かの役に立てること、喜んでもらえることが看護師の仕事に魅力を感じさせ、診察の介助についたときなどに「学校で習った事が」、「色々一個ずつ繋がっていく」と感じたことで「わかって行く」楽しさを知り、そのことを通して、「わぁ、看護師って良いなー」、「私は看護師好きなんやなー」とAさんを「どんどん」看護の世界に引き寄せていったのではないだろうか。

看護という仕事が好きな理由

看護という仕事を「自分の好きな仕事」と語るAさんに、なぜ看護師の仕事を好きだと思うのかをたずねると、その理由を語った。

A：不思議ですね……。何でなんやろうって思うんですけど、本当に。患者さんとおしゃべりしたり、入浴介助したり、なんかこうケアしてる時って本当に幸せなんですよね。楽しい。

I：どういう時に幸せだったり、楽しいって具体的に何かありますか?

A：前はケアしていることが大好きだったんです。ケアして、自分で洗髪の時とかもどうしたら洗髪を患者さんが気持ちよく、あのー、できるかなって。色々、自分が、あのー、美容院に行った時に、洗ってもらう時とかも、そんなんもね、こうやったらええんやなとか、何もかもが勉強やったんです。でそれを患者さんに試すやないですか。そして「わぁー気持ちええ」とか言ってもらえると嬉しくって、認めてもらえたんやなって。そういうのは、あのー、「あんたが担当で良かったよ」とかいう言葉って、どんなことよりも嬉しいですね。（A1-7-1）

A：最初インタビューを受ける前は、ネタというかお話できることがあるんやろうか？と思っていたんですけれど、不思議と、こう、話す事ができて、自分としても、昔の事を、こう思い出せたというか。また頑張れるみたいな、今までやって来た事を、自分はほんまに看護が好きなんやなって、話しするたびに思い出すというか。いつも、毎日が忙しくって、あのー、バタバタしていて、目の前の事をクリアする事で必死で、余裕が無いんですけど、ゆっくりここまでの事を思い出すと、ほんまに一生懸命やって来て良かったなって感じて、はい。自分の力としては微力だけれども、こういう仕事をしてほんまによかったなーって思いました。だからお話しし終わった後に、なんとなく、こう、気持ちが心地良いというか。（A2-1-8）

Aさんは自分が看護師の仕事を好きだと思う理由について、「不思議」、「何でなんやろう」と思うと答えている。この言葉から、自分の気持ちであるにもかかわらず、はっきりとした理由を自覚していないことがわかる。二回目のインタビューで、一回目のインタビューの感想を聞いた際にも、「不思議と」話すことができたと語り、話すことで「自分はほんまに看護が好きなんやな」と思え、「ゆっくり」と「ここまでの事を思い出す」ことで「ほんまに一生懸命やってきて良かった」と感じているとも言う。そして、看護師を続けてきたことを「ほんまによかったなー」と再確認し、「また頑張れる」とも語っている。

Aさんは、なぜ長年看護師を続けてくることができたのかという質問をした際にも、「不思議ですね」

と答えている。ここでも、Aさんは自分の気持ちについて、「〜だから」という、根拠や要因を意識する前に、既に「好きな仕事」として看護師の仕事を捉えており、今までの経験を思い出すことで、さらに看護師の仕事が好きだという気持ちを強くし、これからも「また頑張れる」気持ちを支えていることがわかる。その気持ちがAさんに、「患者さんが気持ちよく」なるように、日常生活での色々な出来事を自分の看護に役立てることはできないか、と思考させていたと読み取ることができる。そして、「何もかもが勉強」として学んだAさんの行うケアが、患者に「わぁｰ気持ちええ」、「あんたが担当で良かったよ」と喜んでもらえ、そうした言葉が「どんなことよりも嬉しい」、患者に「認めてもらえたんやな」と思わせ、ケアしているときを「本当に幸せ」で「楽しい」と感じさせている。これらの経験が、患者をケアすることが「大好き」だと思う気持ちをAさんに生じさせたのではないだろうか。

三　看護実践を支える構造

前節では、長年看護師を続けている研究協力者の経験についての語りを記述した。本節では、その記述に基づいて、Aさんの看護経験の成り立ちと構造、そしてそれらと彼女の看護実践とのかかわりについて考察する。

三・一　看護師の資格をもつ意味が変化する

筆者は当初、看護師を長年続けることができていることと、看護師が資格をもつ職業であるということが何か関係があるのではないかと考えていた。本研究協力者の看護経験の語りにおいても、看護師の資格をもつこと、つまり、専門職者であることが、看護師になろうとした動機であると語られていた。しかし、彼女らの動機はその当初の意味に留まってはいなかった。

Aさんは、経済的自立・安定のために看護師という職業を選択したと語ってはいるが、前述の語りのなかでは、長年看護師を続けていることに関連づけて、資格をもっていることが語られてはいない。生活のために看護師になることを選んだと語りながら、彼女の看護実践を支える経験の語りのなかでは、資格を含めた事柄は、原（二〇〇七）が述べているような仕事を継続する要因として取り出されて語られるのではなく、別のスタイルで語られていたのである。要因としてではない、彼女の看護実践を支えている経験やその語り方について、次に考察していきたい。

三・二　経験に引き寄せられる

研究協力者の看護に携わる経験は、彼女を看護の世界に引き寄せ、看護師として働くことの意味を気づかせていた。

Aさんは二五年間看護師として働いてきた今、看護師を続けてきたのはお金のためだけではないと考えており、看護師の仕事を「自分の好きな仕事」と語っている。Aさんが看護師の仕事を「自分の好きな仕事」と思えるようになった原点は、看護学生として働くなかで出会った末期癌の患者に対する「何とかしてあげたい」という思いであった。Aさんがその患者に何とかしてあげたいと思った経験を通して、Aさんは何もできない自分でもできることを見つけたい、行いたいと思うようになり、実際に患者に足浴をしたことを、「足浴とかさしてもらって」と語っている。そしてその結果、自分のすることで患者に喜んでもらえることが嬉しいと感じるようになり、自分が誰かの役に立てること、喜んでもらえることが、Ａさんに看護師の仕事の魅力を感じさせていく経験となった。

山口は、「看護という営みは、看護者が病者のために「ケアしてあげる」という一方向的な配慮や行為ではなく、病者の訴えとケアする側の応答の無限の連鎖によって成立する相互作用の過程である」（山口二〇〇六：四一）とし、他者への配慮としてのケアリングの特徴は、「「世話をする」とか「気にかける」といった能動性にあるのではなく、むしろ「気にかかる」といった事態や応答を余儀なくされる状況に〈巻き込まれる＝召喚される〉という全き受動性にこそ存在する。看護にかぎらず他者へのケアに携わる者は、苦悩する人間を眼前にして、彼／彼女を「気づかう」以前に、彼／彼女の「視線」に刺しつらぬかれ、何かの応答を余儀なくされる関係に立たされる」（山口二〇〇六：四二）と述べている。

Ａさんも、苦悩する末期癌の患者の姿に巻き込まれ、その姿に応答する形でその患者に「何とかしてあげたい」と思ったのである。そしてＡさんは、その患者のために自分なりにできることを考え実行するようになっていく。メイヤロフはケアリングについて論じるなかで、相手をケアすることにおいて、その成長に対して援助することにおいて、ケアする者も自己を実現していくとしている（メイヤロフ二〇〇二：六九）。Ａさんはこの患者とのケアリング関係のなかで、看護学生としての自己を成長させたともいえる。そしてＡさんはこの経験を通して「わぁ、看護師って良いなー」と思うようになったと語っており、患者とのケアリング関係の経験がＡさんを看護の世界に引き寄せていったといえる。

この経験を通して、否、正確には、この経験を振り返ることによって、Ａさんは、看護師として働くということが、経済的自立としての手段という意味にとどまらない新たな意味をもつことに気づいた。それは看護がケアすることを通じて自己実現でき、またケアすることに喜びを感じられる、そうした仕事であるということである。

三・三　続けることを探求する研究方法

研究協力者の経験についての語りを記述し、それぞれの経験の成り立ちや意味づけについて探求していくなかで筆者自身が気づいたのは、何か具体的で明確な理由や要因があって、Aさんが長年看護師の仕事を続けてきているわけではない、ということであった。例えばAさんは、筆者の「なぜ（看護師の仕事を）続けてこれたと思いますか？」という質問に対して、「不思議ですね」と答え、「なんで（看護師の仕事が）好きなんでしょうか？」という質問にも、「不思議ですね……。何でやろうとって思うんですけど」と答えている。つまりAさんは自分が看護師の仕事をなぜ好きで、なぜ辞めずに続けて来れたのかという根拠や理由を自覚する事無く過ごしてきたことがわかる。それが、筆者との対話によって、「自分はほんまに看護が好きなんやな」と「話すたびに思い出す」こととなった。それは西村がいうように、「対話」による「「今」まさに生み出され流出し続けている開かれた経験」（西村二〇〇一：二一二）であった。しかもAさんは、「ゆっくりここまでの事を思い出す」なかで、「ほんまに一生懸命やって来て良かったなって感じ」ていた。そこには、Aさんのこれまでの看護師として働いてきた「厚みを帯びた時間」（西村二〇〇一：二一二）とそのなかでAさんが経験した看護の厚みが垣間見られるのである。

ところで筆者は、「なぜ長年看護師を続けることができているのか」という筆者の問い自体が、筆者の見え方を狭くしていたということにも気がついた。というのも、このような問い方は、Ａさんに根拠となる理由や要因を答えるように強いてしまうからである。ところが上にみたように、Ａさんは明確な理由や要因によって看護師を続けて来たわけではなかったし、少なくともそう自覚しているわけではなかった。筆者は本研究を進めるうちにそのことに気づき、自分の態度を一旦棚上げし、研究協力者の視点に立って、彼女の経験とその文脈のほうから、その成り立ちや意味づけを考察することになったのである。

本研究を通して、筆者は看護師としての自分の見方や枠組みを自覚することができた。それとともに、池川が「看護が求める臨床の知が科学的な操作によって得られる性質のものではなく、むしろ科学の限界性を超えたところの新しい経験の地平において問われるものである」（池川 一九九一：一九九）と述べているように、他の看護師や患者を理解するためには、「科学の限界性を超えたところの新しい経験の地平」において、その人の経験に近づく努力をし、その人の文脈のなかで理解することが必要であるということを学んだ。

本研究のインタビューでは、聞き手である筆者と語り手である研究協力者が同じく看護師であることから、研究協力者が看護の場面を語るうえで、細かい説明を省いたり、聞き手の筆者が同じ看護師として共感する態度をみせたことで、新たな語りが生み出されたりもしている。同じ看護師同士としての会話から、研究協力者の気持ちを引き出すことはできたが、その反面、筆者の理解が研究協力者の語りを遮った可能性もあったのではないだろうか。

また、今回は長年看護師を続けてきた看護師の経験の語りに注目して研究を進めたが、離職した看護師が何をどのように経験したのかなど、別の視点で看護師の経験の成り立ちや経験の意味を読み解くことで、看護師の経験と看護実践の関係について新たな知見が生まれるのではないかと考える。

四　患者の存在に支えられる看護実践へ

本研究では、研究協力者の経験の語りを記述することを通して、長年看護職を続けてきた看護師の経験がどのように成り立つかを、「その人が、何をどのように見、どのように意味づけているのか」（能智二〇〇六：二一五）という当事者の視点に立って解釈し、さらにこの記述をもとに、何が彼女の長年の看護実践を支えているのかについて探求してきた。

研究協力者の語りの特徴から考えると、彼女は彼女だけの文脈をもち、その文脈のなかで経験を意味づけていた。そして、本研究で研究協力者の看護実践での経験の成り立ちや構造を記述するなかで、看護師の実践を支えているのは、患者とかかわるそのつどの経験とその意味づけにあるのだということがわかった。経験が看護師を看護の世界に引き寄せ、患者との経験を通してそれぞれの看護観を培い、患者との経験を通して、より良い看護を実践しようとする看護師へと育てられていた。このように看護師の経験は患者から看護師へと一方的なものとして成り立つのではなく、看護の実践を通して、その経験は患者へと反映されていた。そしてその看護師の経験の成り立ちのなかには、いつも患者が存在しており、その患者の存在が、看護師の実践を支えていることを本研究の看護師の語りから教えられた。

【文　献】

池川清子（一九九一）『看護――生きられる世界の実践知』、ゆるみ出版
岡本衣代他（二〇〇三）「看護師の職務継続につながる内的要因――看護体験からの自己の成長に焦点を当てて」、『日本看護学会集録――看護管理』、第三四巻、三―五
鈴木美和他（二〇〇一）「看護職者の職業経験に関する研究――病院に勤務する看護婦に焦点を当てて」、『看護教育学研究』一〇号第一巻、四三―五六
徳永兼悟他（二〇〇九）「看護師の職業継続に影響する要因――看護師へのエピソード記憶を中心にしたインタビューを通して」、『日本看護学会集録――看護管理』、六九―七一
中山洋子他（一九九四）「看護婦の仕事の継続意志と満足度に関係する要因の分析」、『日本看護学会集録――看護管理』、第二五巻、一七―一九
西村ユミ（二〇〇一）『語りかける身体――看護ケアの現象学』、ゆるみ出版
日本看護協会（二〇一〇）「２００９年病院における看護職員需給状況等調査」〈http://www.nurse.or.jp/home/opinion/press/2009pdf/0316sanko-2.pdf〉
能智正博（二〇〇六）『〈語り〉と出会う――質的研究の新たな展開に向けて』、ミネルヴァ書房
原　陽子（二〇〇七）「A自治体病院看護師が勤務を継続する要因――キャリア中期の看護師に対するキャリア・アンカー調査から」、『日本看護学会集録――看護管理』、第三八巻、二四六―二四八
前山尚美他（二〇〇三）「看護師の職務満足度と離職との関係（第一報）」、『日本看護学会集録――看護管理』、第三四巻、一三六―一三八
メイヤロフ、M（二〇〇二）『ケアの本質』、田村　真・向野宣之［訳］、ゆるみ出版
メルロ＝ポンティ、M（一九六七）『知覚の現象学Ⅰ』、竹内芳郎・小木貞孝［訳］、みすず出版
山口恒夫（二〇〇六）「看護におけるケアリング」、中野啓明・伊藤博美・立山善康［編著］［編］『ケアリングの現在――倫理・教育・看護・福祉の境界を越えて』、晃洋書房

第六章　統合失調症療養者の子をもつ親の体験
——親自身が必要とする支援に関する一考察

田野中恭子

一　はじめに

統合失調症の療養者は、急性期、慢性期のさまざま々な症状を呈しながら生活をしている。日本の精神障害者施策の昨今の変遷をみると、施設医療から社会復帰重視に移行している。しかし、社会的な支援は十分とはいえず、精神障害者の約八割が家族と同居している（内閣府 二〇〇六）なかで、家族の多くが精神障害者の地域生活を支えていると考えられる。家族に関する研究では、大島ら（一九九四）が、家族の生活困難度が高く、加えて精神障害者の日常生活行動への協力度が低い場合は、家族の感情として「批判」や「敵意」が表出され、再発率が高いことを示した。また、半澤ら（二〇〇八）は、家族の介護負担感と社会的支援の利用との関連性を明らかにした。障害者への社会的支援が増えて活用できるようになれば、家族の介護負担は減ると考えられる。

一方、親自身も無力感や孤立無援感、荷重感を感じており、「ケア提供者自身のケアはケア提供者の健康を保つことが重要で、精神的支援の獲得、自分自身の時間の確保、ものごとの肯定的解釈を含んでいる」ことが明らかにされている（岩崎 一九九八）。さらに、家族は患者である子どものために積極的に情報収集をしているものの、家族自身のケアに時間をもつことができていないことが明らかになっている（石川他 二〇〇三）。また、グレーフら（Greeff et al. 2006）は、家族の回復力に貢献しているのは、プロセス全体を通した社会的支援であると考察している。しかし、いずれの研究も、親が経験した過程のなかで親自身への具体的な支援について検討している研究は少ない。本論では、統合失調症療養者のケア役割を担うことの多い親に着目し、ケア役割や親役割を担う人として親をみるのではなく、親の語りから一個人として子どもが精神疾患を発症した場合の親の体験、特に親自身の生活と精神的状態を明らかにし、親自身が必要とする社会的支援について検討することを目的とする。

二　方　法

二・一　研究協力者

協力者は、精神障害者家族会に参加している統合失調症の子どもをもつ親とした。事前に本研究の目的および方法について説明を行い、研究協力の同意の得られた親五名にインタビューを実施した。

二・二　データ収集方法および分析方法

書面による調査同意の得られた統合失調症療養者の子をもつ親に半構造化面接を行った。実施期間は、二〇一一年六月から一〇月までである。面接するにあたり、対象者には紙面で障害者および親の年齢、性別、同居の有無、知っている社会資源、活用したことのある社会資源などの記載を依頼した後に、インタビューを行った。インタビュー内容は、①精神障害発症後の親の体験、②経過のなかで活用した社会資源と内容、活用後の思い、③中断した社会資源とその理由、④今後に期待する社会資源、とした。

分析は佐藤（二〇〇八）の質的帰納的分析法を用いた。本論の目的である親の語りから親の体験を明らかにするためには質的なアプローチが不可欠である。そして親が必要とする社会的支援を明らかにするためには、個々のケースは多様であるが、出来る限り必要とする共通の支援を見出す必要があり、そのためには、ケースで得られた文脈をカテゴリー化していく帰納的分析が適していると考え採用した。

具体的には、インタビュー記録を意味のまとまりごとに要約し、コードをつけた。次に、意味内容の類似したコードをまとめ、サブカテゴリーを、さらにカテゴリーを作成した。一方、インタビュー記録をもとに、各事例の発症から現在に至る経過のなかで、経験した困難や社会資源のかかわり、かかわり後の変化や気持ちについて整理し、事例検討を行った。事例検討した内容をもとに、帰納的分析法に基づいて抽出されたカテゴリーの分析を再度行った。佐藤（二〇〇八）は、質的分析を通して分厚い記述に基づく概念モデルを構築していくために、コードだけでなく文脈も考慮に入れる重要性を述べている。事例とカテゴリーを比較し、行為や語りの意味を熟考することで、「親自身が必要とする支援」を明らかにするように努めた。分析作業では研究者二名のスーパーバイズを受け、定義の難しい内容については各事例の内容を再確認し解釈の妥当性を図った。

また、筆者は事前に親の現状を把握するために、精神障害者の家族会に参加した。参加した期間は、二〇一〇年九月から二〇一一年一二月までであり、日数は三二日間であった。そこで聞いた話や観察した事象を面接や分析時の参考とした。

二・三　倫理的配慮

本研究は、倫理的配慮として、立命館大学における人を対象とする研究倫理審査委員会の承認を得て行った。協力の意思のあった人に対して、研究者が書面を用いて口頭で説明し、同意を得た。

三　結　果

三・一　協力者の基本的属性

協力者は母親四名、父親一名、年齢は五〇代後半から七〇代前半であった。子どもは、年齢が三〇代から四〇代で、発症から一〇年から一五年経過していた。全員入院歴があるが、インタビューした時点では自宅で生活していた。また、発病当初は精神科受診を拒否していた療養者もいるが、現在は精神科に定期的に通院し、内服治療をしており、それぞれの社会生活を送っていた。二名は親と別居していた。文中では、本研究の協力者である親をA、B、C、D、E氏と記載する。

三・二　親の体験と社会的支援

分析の結果、子どもの治療や生活上の支援を除き、親自身の生活や精神的な状況と親への支援を七〇のコードに分類し、それを二九のサブカテゴリーとしてまとめ、さらにその上位概念として六カテゴリーを抽出した。カテゴリーは、①発病時の戸惑いと不確実な情報、②家族内外の理解不足と主たる介護者の孤立、③子どものひきこもりと家族との衝突、④子どもの自主性の尊重とケアの必要性との葛藤、⑤介護者役割を担う過剰な負担、⑥親亡き後の心配である。各カテゴリーとサブカテゴリー、下位コードを表6・1(一二一頁参照)に示す。以下、各社会資源のかかわりについて概要を述べる。なお、カテゴリーは【 】、サブカテゴリーは[ ]、コードは〈 〉、家族の発言は《 》で示す。また、インタビューの協力者である親を「親」、統合失調症療養者の子どもを「子ども」、同居している家族メンバーを「家族成員」、別居している親族を「親族」と表記する。

三・三 各カテゴリーの概要

①発病時の親の戸惑いと不確実な情報　発病当初、子どもはこれまでの生活が営めなくなり、休学や休職、退学や退職をせざるをえなくなる。この状況に対して、親は[戸惑い]ながら多くが精神科受診を促していた。

《普段みていて、おかしいおかしいとは思ったけど、病気とかは、全然思ってなくて》、《初めて、先生から説明されて、まさかうちの子がと思った。〔…略…〕私が働いているのを知っておられて、時間外に主人と二人で行ってお話しさせてもらったことがあった。先生に聞きたいことは聞くことができて、ちゃんと答えてくれた》

親は子どもが発病するまでは、統合失調症に関する知識がなく、子どもの状態と統合失調症という病気が結びつかず、発病に対して戸惑っていた。こうした状況に対して、短時間の診療時間では対応できず、時間外の面談を行い親からの質問に答える医師がいた［親の理解への支援］。一方、《お医者さんから病気の説明は一切なかったです。入院した時にカルテか何かを見て病名が書いてあって、その時にわかったんです。ひどいでしょ》のように、病気に対しての［医療従事者からの説明不足］を指摘する発言もあった。また、子どもが治療を拒否したときには親だけが対応をしており、何度も精神科を受診していた。《（医者は）もう、相手にしていないようでした。そういうお困りだったら、保健所にでも行かれたらって。保健所の医師に相談したら、先生も…そりゃ、難しい問題だなって感じで、ただうんうんて聞いておられるだけで……何も道筋がないんです。保健所の相談日にも何回か行きました。でも別にどうってことなくて。うーん、もう……すごくしんどい思いで……きました》と、援助職は、親の抱えている困難を聞くだけで、具体的な支援策が提示できていない状況であった［見通しの立たない支援］。

親の病状や対処への理解不足の結果、《調子がいいんだったら、お薬飲まないでおきとか言った》、《病気の理解がないというか、自分のかわいがっていた子どもが病気になった時に、父親が子どもにすごく攻撃的になったんです。やっぱり理解できない。病気になってずっと家にいて、仕事もしないということが理解できない》、《（息子が職場で上司とけんかして）これはちょっとおかしいなと思ったんですけど、その時は（息子が）それを超えないといけないと思ってはっぱをかけましたね。〔…略…〕結構きつかったと思います》といった、子どもの疾患を認識していなかったり、対応方法を理解していないために治療とは逆行する言動があった［認識不足のなかでの対処］。

家族は医師以外にも《いろいろ行きました。相談機関みたいなところにも行って》、《本を読んだり講

カテゴリー	サブカテゴリー	コード
④子どもの自主性の尊重とケアの必要性との葛藤	思春期・青年期特有の親への反抗と発病による依存	親への反抗／親への甘えと依存
	子どもへの過剰関与と自主性の喪失	子どもへの過剰関与と自主性の喪失
	子どもの自主性の尊重	子どもからの発言を待つ／失敗から学ばす／子どもと親が納得を得る／時間をかけて築いた個別性のある親子関係
	子どもと距離をとる	仕事や趣味などの自分の時間をもつ／家族会での交流
	親子が距離をとれる専門職のかかわり	子どもと家族の理解と助言／子どもまたは家族と家庭外で話す／ショートステイの普及
⑤介護者役割を担う過剰な負担	親の精神的負担	発達と逆行するわが子をみるつらさ／偏見により周囲に病気を隠すつらさ／主介護者以外の家族成員の理解不足
	介護者役割を担うつらさ	日常生活における家族以外の支援者不足／退職を含めた仕事の調整／就労・就学中の他の家族成員からの協力不可／高齢化した親が成人した子どもを介護し続けるつらさ
	子どもの介護以外の役割	高齢者介護
	親の身体的な状態	親の心身の不調
	親自身のケア	親自身の時間確保／夫婦での協力／他者から理解と言葉掛け／肯定的な解釈への変化
⑥親亡き後の心配	親亡き後の心配	親亡き後の心配
	社会資源の理解による不安の軽減	増加する多様な社会資源の理解／援助職からの親亡き後の事例紹介／社会資源に関する情報提供による不安軽減
	社会的支援とつながる重要性	子どもに合う場所での継続活動／援助職の子どもへの理解と助言／家族会での仲間同士の交流／関係機関と親もつながり子どもの活動を見守る

表6・1　カテゴリーとコード一覧：親自身の生活や精神的な状況と社会的支援

カテゴリー	サブカテゴリー	コード
①発病時の戸惑いと不確実な情報	発病による生活の混乱と親の戸惑い	奇異な言動による家庭生活の混乱／発病時の親の戸惑い
	認識不足のなかでの対処	統合失調症の認識・理解不足／子どもへの不適切な言動
	理解への努力と親自身の生活時間の減少	親からの医師への質問／主治医以外への相談／学習時間の確保／親自身の学習困難
	医療従事者からの支援の限界	短い診療時間／確定診断・告知の難しさ／親の理解への支援／診療時間外の教育的支援
	見通しの立たない支援	見通しの立たない支援
	個別性のある情報提供と支援	家族会へのつなぎ／情報提供と助言
	情報の増加と混乱	情報不足／本・新聞・インターネット・講演会の増加／複数の情報への混乱
	家族会での理解促進	情報量の拡大／経験の分かち合い
②家族内外の理解不足と主たる介護者の孤立	家族成員の理解不足と母親の孤立	仕事による不在の状態／家族成員の理解不足
	家庭内の複数の困難との調整	高齢者介護との調整／仕事との調整
	偏見との葛藤	偏見による近隣に言えないつらさ／公表による協力
	専門職からの言葉掛けと家族会への紹介	慰労の言葉掛け／家族会へのつなぎ
	家族会の仲間に支えられる	理解し合える仲間の支え／家族会に参加できない状況
③子どものひきこもりと家族との衝突	子どものひきこもりの背景	家庭外の居場所の喪失／病状による他者との接触困難／自己肯定感の低さ
	子どもの精神状態の悪化と家族との衝突	精神状態の悪化／家族への暴言・暴力
	家族と距離をとれる他者からの支援	家族以外の他者との会話／家庭外の居場所紹介と利用時の同行

演会にいろいろ行ったりしました》と、「理解への努力」をしていた。そのなかで「保健所や作業所からの情報提供」を受けたり、家族会に参加することで〈情報量が拡大〉していった。理解を促すために、作業所では、《先生が電話をくださるの。私、働いていたから帰りに寄ってねとか言われて、他のお母さんもいるし遊びに来てとかね。それで、帰り道にちょっと寄ってお話ししました》と言うように、〈家族会につなぎ〉、〈情報提供〉を行っていた。しかし、《仕事していたから、治療にはノータッチでした。家族会になかなか行けない。とても無理》、《仕事を辞めてから、講演会に結構行ってるよ。家族会に入って、今までのことを勉強しないといけないないなと思って》と語った。親自身の仕事を含む生活に、突然予期せぬ子どもの発病という事象が入り込んできた。そのためすぐに自分の仕事を整理して、統合失調症を患う子どもに向き合うあうことや疾患に関する学習を行うことは難しかったと考えられる。また、講演会や家族会は親が働く平日の昼間に開催されることが多く、親が自身の生活を大きく変えないと学習することは難しい状況であった〈親自身の学習困難〉。

以上の通り、ほとんどの親はこれまで知らなかった精神症状に戸惑いながらも、子どもへの受診勧奨や情報収集、激変した家庭生活の調整に奔走していた。しかし、必要な治療を受けたり、親が求める情報を得ることは容易ではないことが明らかになった。

②家族内外の理解不足と主たる介護者の孤立　発病に対して親は戸惑うが、主たる介護者以外の親、特に父親は〈仕事による不在の状態〉であり、受診や入院時の同行、日常生活の対処には協力できない状況であった。また、「家族成員の理解不足」により《主人に言っても、男は悩むものだ、放っておい

たらいい》といった理解不足の発言から主たる介護者になった［母親の孤立］もみられた。

また、子どもの言動に対して《近隣から苦情の投書もあったんですよ》、《近所にもそんなに公に言えない》といった、近隣の精神疾患に関する無理解と批判に対して、なすすべがなく、家族内で病気を抱えこまざるをえない様子がうかがえた［偏見との葛藤］。一方で、《(隣近所の方は) 生まれた時から知っておられるから、理解していただけるかなってことでオープンにしています。私の場合は困っていることを伝えることによって、皆さんが協力してくださるというのがあるんです。子どもが出かける時とか、いってらっしゃい、大丈夫かって声をかけてくださる》、《親族や友達には隠してないんです。法事の時とかに知らないと大変だけど、みんな知っているから、見て見ぬふりをしてくれる。この子、見ておいてねって頼んでおける》と、周囲に病気を公表することで、理解や協力を得る場合もあった〈公表による協力〉。家族や周囲の状況により［偏見への葛藤］も異なっていた。

周囲の［偏見への葛藤］で病気を公表できないうえに、家族内でも［家族成員の理解不足による主たる介護者の孤立］といった状況のなかで、今回インタビューしたすべての親が［家族会の仲間に支えられる］と述べている。その［家族会への紹介］を作業所の職員が行っていたケースもあった。しかし、家族会に入会したものの、子どもの病状が不安定であったり、親自身の仕事などの理由で〈家族会に参加できない状況〉もあった。

③子どものひきこもりと家族との衝突

病状から子どもが家にひきこもらざるをえない状況で、家庭内で家族との衝突が起こっていた。

《（家で子どもが）静養している時も〔…略…〕、（子どもは）家族の動きを見ているんです。そうすることによって、姉妹と比べる中で、妹を的にしてしまったんです。何かあるごとに、悪口というか、そっちがかわいいから私には構ってくれないとか、そういう言葉が出てきて、そういう時は私はずっと話を何時間もかけて、お互い納得いくまで。〔…略…〕、（子どもの）病状が悪かったのもあるんですけど、家族で話していても、自分だけが同じ場所にいるとしても、孤立感を感じていた。そこの輪に入っていけないっていうのをすごく、感じてしまって。なにかあるごとに、もうかっとなって、戦おうする。で、これはいけないと思って、その時ずっと（親は）二四時間体制でぴりぴりして見ていたんですけど》。

《あのー（子どもが家で）一人ぼっちでいたから、外の声とかが、自分を責めているような感じになったり。幻聴が聞こえたり》。

統合失調症の経過は「急性期、消耗期（休息期）、回復期があり、精神的な興奮が激しく、幻聴や幻覚、妄想などの症状が現れる急性期、エネルギーを使い切った結果、症状は鎮まったものの、元気がでない状態となる消耗期は、外的刺激を避け、静かな環境で過ごすことが必要となる。消耗期に休み、エネルギーを蓄積することで、何かを進んで行うエネルギーが生まれてくる。この時期を回復期とよぶ」（伊藤二〇〇五）とされている。この間、〈病状による他者との接触困難〉のために、また、これまで活動していた職場や学校を辞めているため、子どもは家庭内に［ひきこもる］ことになる。さらに、回復期でも他者との接触が困難であったり、不安感が強く物事に積極的に取り組めないなど（伊藤二〇〇五）さまざまな理由から、家庭内で過ごす人も少なくない。

そうした［家庭内にひきこもる背景］のなかで、［子どもの精神状態の悪化と家族との衝突］がみられた。その状態に対して、訪問診療のスタッフが子どもと時間をかけて話し、できていることをほめてもらう経験を重ね、自分の考えを他者に伝えられるようになったケースがあった。訪問診療以外にも子どもと家族成員以外の他者との接触について家族の語りがあった。

《ここまで（子どもが外出できるよう）になるまでに、相当皆さんにお世話になりました。子どもが家にいたから、親族が子どもに声をかけて連れ出してくれたり》。

《（子どもが）すごくしんどくて、外に出れなくて、（私が）精神障害者相談員に相談したの。そしたら、（相談員が子どもを）連れておいでって言われて。子どもが相談員さんと喋ることで、自分の心を聞いてもらうこと自体で、気が楽になるの。何かを得ようとかではなくて。親ではだめなの。親はもう言うこと分っているわ、みたいなもの。他人さんから言われるとちょっと距離があるから。（子どもは）言われたことをちょっと素直に聞けるの。だから、他人さんと喋らないといけないの。親や兄弟とだけつきあっていてはいけないの。他人さんの方がちょっと緊張感をもつし。またその緊張感が大切なの》。

精神障害者相談員として、子どもや親からの相談を受けているE氏は、《親子二人だけの家庭は違う風が流れないの。特に私は、二人だけの家庭を気遣ってます》と話していた。

同居家族以外の親族や援助職などの他者とのかかわりが、子どもの精神状態や家庭内の状況を変化させるきっかけとなっていた［家族と距離をとれる他者からの支援］。

④親による子どもの自主性の尊重とケアの必要性との葛藤　発病後、親からの精神科受診や治療のすすめを子どもが拒否したことが語られた。

《親が勝手に薬を持って帰っても飲みませんし、病院に行ったらと言ったら怒るし。〔…略…〕私の兄が来てくれて、妄想とか私には絶対話さないんですけど、兄に初めてね、妄想があるってことを話したんですよ。（兄は）そんなの難しいな、僕には分らないいな、やっぱりお医者さんに行かないといけないのではと言って、言ってもらって、やっと自分から行くようになったんです》。

子どもは親からの助言に対して怒り、拒否をしていたが、距離のある他者からの意見は受け入れた。他のケースでも親への反抗が語られた。本研究の協力者の子どもの発病年齢は一〇代後半から二〇代であり年齢特有の親子関係の難しさが現われているように感じる。これまでの研究からも統合失調症の人の八割近くが一〇代から三〇代までに発病することが明らかになっている。発達プロセスにおいては青年期にあたり、発達課題として同一性（identity）の確立を目指して試行錯誤する年代であり、「両親や他の大人から情緒的に自立する」（高尾 一九九三）ことが挙げられている。〈受診・内服拒否〉は子どもの〈病気への偏見・否認〉だけでなく、この自立にむかう時期に発病が重なったことも、親の受診促進を拒否する一因になったと考えられる。そしてここでも〈家族以外の他者の会話〉が受診のきっかけになっていた。

一方、経過のなかで自分から何かを進んでやることがほとんどなく、言われたことをゆっくりとやっとできる状態になることもある（伊藤 二〇〇五）。その間、親が「過剰関与し子どもの自主性が喪失」したケースもあった。

《やっぱり病気だからしんどいんだなっていうことで、あの、お風呂に入れなくて、女の子ですし、臭くなってきたら本人の意思に関係なく、強制執行してお風呂に入れてました。今から思えば、何から何まで親が関わり過ぎていた。その時は必死でこれでいいんだっていう思いから、ずっとその方法でやってきて。ある時気が付いたら、子どもが人形になっていたんですよ。もう何もしないで、自分の意思で動こうとしないんですよ。〔…略…〕このまま私が亡くなったら、この子は生きていけないと思って。そこから徐々に変えていって、今も自分はこうしたいって言えない時もあるんです。病状が思わしくなかったり、ストレスがあると言えない場合がありますけれども。でもそれでも聞くんです。あなたはどうしたいのって》。

このケースは、親が［過剰関与し子どもの自主性が喪失］したが、時間をかけて［自主性の尊重］を行っていった。他の語りでも、〈子どもからの発言を待つ〉、〈失敗から学ばす〉などの自主性を尊重して、〈子どもと親が納得できる結果〉を導きだそうとしていた。また、親が子どもに過剰関与せずに、［距離をとる］かかわりをもてるように、〈仕事や趣味などの自分の時間をもつ〉、他の家族と〈家族会で交流するなどを行っていた。また、相談員が〈子どもまたは家族と家庭外で話す〉、〈ショートステイの普及〉など、［親子が距離をとれる専門職のかかわり］を求める語りも聞かれた。

《今までいろいろと社会資源を利用してきて、どれも良かった。どれも皆さん世話になっているし。感謝する。でも、心底これからもつきあっていってほしいなと思うのは作業所の所長さんとのつきあい。やっぱり私達が思いもつかないことを言ってくださるから。ありがたいなって思っている》という語りから、親は援助職が子どもへの〈理解と助言〉をしてほしいと思っている。子どもが社会生活を送るなかで、親ではない、他者の援助職の〈理解と支援〉が必須だと考える。

⑤介護者役割を担う過剰な負担

A氏は《悲しいよー。今まで出来てきたことが、出来なくなってくるということは。反対でしょ。ほんとに悔しい》と、〈発達と逆行するわが子をみるつらさ〉を語った。発病時から［生活の混乱］を支え、子どもが治療を拒否している時や緊急時には医療従事者から介入が不足しているなかで親だけが対処し、慢性期にも子どもの相談相手や病状把握などを行っていた。そのため、［親の精神的負担］や親の〈退職を含めた仕事の調整〉、〈高齢化した親が成人した子どもを介護し続けるつらさ〉など［介護者役割を担うつらさ］が語られた。

その結果、［親の身体的な状態］として親自身のうつ的な症状の出現や高血圧症の発症など、〈親の心身の不調〉が出現したケースもあった。こうした親の介護者役割を担う過剰な負担に対して、家族会への参加を含めて〈親自身の時間の確保〉、援助職を含む〈他者からの理解と声掛け〉などで、［親自身のケア］を行っていた。また時間の経過とともに、《この病気にならなかったら、他の家族さんに出会うこともなかった》と、［肯定的な解釈への変化］の語りも聞かれた。

⑥親亡き後の心配

《本気で心配するのは親だけ》という語りにあるように、［親亡き後の心配］をする人は多い。そのなかで〈増加する多様な社会資源を理解〉したり、親亡き後に社会資源を利用しながら当事者だけで生活している〈事例紹介〉を援助者から受けるなどして、《なんとかなるかもしれないと思っています》と［社会資源の理解による不安の軽減］を述べている。

親亡き後に子どもが生活していくためには、〈子どもに合う場所での活動の継続〉、〈援助職の子どもへの理解と助言〉など、［子どもが関係機関とつながる重要性］が語られた。

《保健センターのデイケアは行ってなくて、私が登録をしておいたほうがいいのではってアドバイスしたら、登録をして。そこから何か問題がある時は子どもが必ず行っています。お母さんが動けなくなった時に相談先がいっぱいあったほうがいいよって言って》。

また、親として〈関係機関と親もつながり子どもの活動を見守る〉こと、そして親自身のケアのためにも〈家族会で仲間同士の交流〉を行い、［関係機関とつながる重要性］が語られた。

四　考　察

四・一　親が体験した経過と支援

子どもが精神疾患を発症してからの経過により、状況と必要な支援が変化した。その過程を「親自身の体験と支援の全体像」として図6・1に示した。縦軸には子どもの生活・治療と区別した「親自身の生活」を記した。親の語りでは他に親自身の生活に影響を与えた「子どもの治療」、「子どもの生活」に関する六つのカテゴリーも得られたため親の状況を理解するためにあわせて記載した。なお、これら子どもに関する詳細は別途論じることとする。横軸については分析時に各家族の語りで得られた経過を事例検討したところ、経過により親自身の体験が大きく三つの過程に分けられたため、「発病による混乱」、「不安定な病状」、「生活の模索」とした。ただし、経過は左から右に直線的に変化するだけでなく、「生活の模索」と「不安定な病状」を行きつ戻りつしているケースもあった。また各過程の期間は人により異なっていた。矢印（実線）は現在、法制度のもとで行われている支援、矢印（点線）は法制度ではなく一部の専門職や家族会が自主的に行っている支援である。背景に灰色がついている部分が制度のもと支援がある内容、背景に斜線がついている部分が社会資源の利用により支援を受けられる内容を示している。

　図6・1で示す通り、子どもが統合失調症を発病したときから、治療が安定し、子どもが作業所などへの通所による社会生活を送る現在に至るまで、全過程で親が継続的に子どもを支援していた。特に、「発病時の混乱」や「不安定な病状」では受診時以外は、親以外に子どもを支援する人がなく、悪化する病状のなかで親だけが子どもを必死にケアしていた。

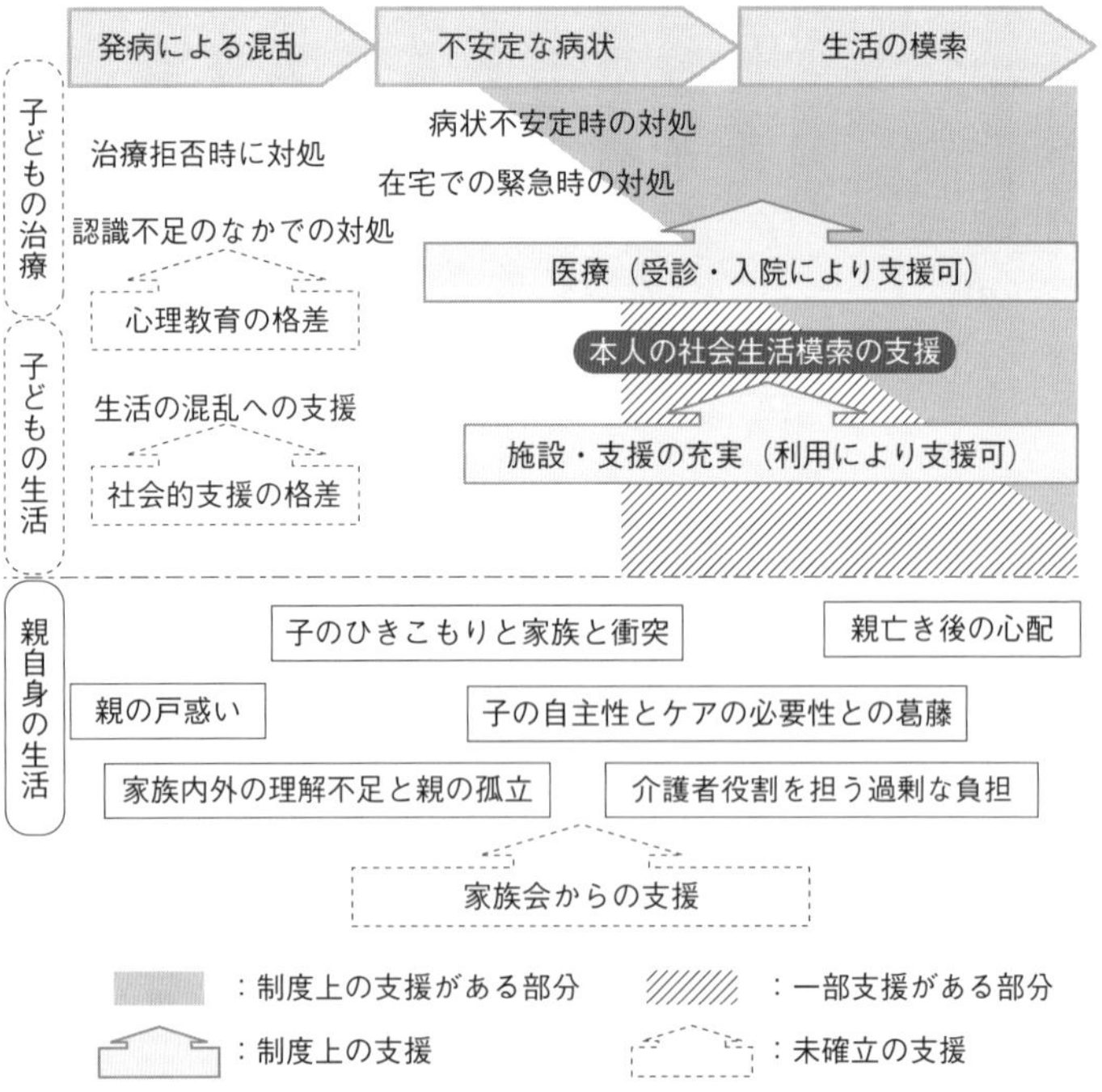

図6・1　親自身の体験と支援の全体像

四・二　親自身の生活への支援

日本ではこれまで療養者本人への施策を進めてきた。今後、本人への支援が充実することで、これまで親が担ってきたケア役割の過剰な負担は多少軽減できるかもしれない。しかし、「親の生活」について今回得られた、【親の戸惑い】、【家族内外の理解不足と主たる介護者の孤立】、【子のひきこもりと家族との衝突】、【子どもの自主性の尊重とケアの必要性との葛藤】、親の精神的負担を含む【介護者役割を担う過剰な負担】に対して支援し続けているのは、現在でも主に家族会だけであった。

家族会では、同様の困難を切り抜けてきた家族が現在困窮している親の話を具体的に聴き、家族自身が対処した方法を参考事例として紹介していた。また精神障害者保健福祉手帳や年金、住居、作業所など地域にある社会資源の紹介を行い、不慣れな制度利用に躊躇する親や子どもには、他の家族が各機関に訪問する際に同行し、利用開始の支援を行っていた。さらに、治療や薬、子どもへの対処に関して知識を得るために、各種専門家を講師に迎え学習会を開催していた。こうした支援はすべて家族会会員の自主的な活動で支えられていた。しかし、親の困難を支える社会資源として、親の自主的な活動である家族会だけに期待することは、結局、社会資源の不足を親に負担させているだけではないだろうか。

親をどのように捉えるか

親の語りから親は子どもの発病に戸惑い、周囲の偏見や理解不足に苦しみながら子どもの治療や生活支援に専念している状況があった。A氏が《悲しいよー。今まで出来てきたことが、出来なくなってくるということは。反対でしょ。ほんとに悔しい》と語ったように、親は一般的な発達過程と逆行するかのような我が子をみるつらさを感じつつ、子どもへのケアに奔走し親自身の生活を蔑ろにせざるをえなかった。

精神障害者の子をもつ親を我々はこれまでどのようにみてきたのだろうか。精神保健福祉法では、二〇一三（平成二五）年に廃止された「保護者制度」において「保護者は治療を受けさせ、医師に協力する義務」をうたっていた。一方、二〇一一（平成二三）年に障害者基本法の改正で、障害者の家族に対する相談業務が追記された（内閣府二〇一一）。このことから、それまで親への支援を明確にした法律はなく、親を「精神障害者の介護者」としかみていなかったといえる。

（二）統合失調症療養者の子をケアする親としてみる

これまでの研究では、親は「子どもの治療」と「子どもの生活」を支える人として論じられてきた。治療に関してはブラウンら（Brown et al. 1962）が、否定的な感情表現が高い家族ほど患者の再発（陽性症状の出現）率が高いことを明らかにし、「EE: Expressed Emotion（感情表出）」という概念を提示した。これらの研究成果をもとに、心理教育（psychoeducation）やＳＳＴ（Social skill training）が体系化されていった（半澤二〇〇五）。このことから、親は「子どもの治療者」として関与していることがわかる。

子どもの生活に関しては、本研究の語りから親は子どもの学校や就労生活、家庭生活の調整を行い、相談相手となっていたことが明らかになった。岡村（二〇〇九）が「わが国では長く生活困難を解決するための社会的施策の一端を家族の力に依存してきた」と述べているように、親は「子どもの生活」を支える者としての介護者役割を担ってきたといえる。統合失調症療養者への支援を充実させることは、これまで親が担ってきた過剰な負担を軽減するためにも必須であるといえる。

（二）親役割以外の多様な面をもつ個人　今回の語りにおいて親と呼ばれている個人は、子どもが発症するまでは親役割以外に仕事や趣味、友人とのつきあいなどにも時間を割いていた。田中（二〇〇七）は、「障害者の親として生きる「生の多様性」に着目することが必要です。〔…略…〕。子どもの障害によって、人生が全面的に規定されることや、「親」という一つの側面で生きていくことだけが強要されることはとても苦しいことと言えます。例えば、〔…略…〕母親の属性は「母親」「妻」「社会人」「女性」「市民」など多様な側面がありますし、それぞれの属性において他者や社会との関係を取り結んでいくことが、総体的な人生の豊かさにつながるのです。このような生の多様性を支える支援の枠組みが求められています」としている。

今回の調査では、親は子どもが発病した時から、趣味を辞め、仕事を調整し、五名のうち二名は退職をしていた。発病からの過程のなかで、親自身も戸惑いながらも知識不足を補うために情報収集に努め、受診時には子どもの代弁者となっていた。家庭では、成人した子どもの相談相手であり、経済的な面も含めた日常生活を支えていた。また、病状を把握する観察者であり、服薬管理や子どもの状態を悪化させないような対応をとる介護者の役割を果たしていた。以上のように、親は「社会人」、「市民」、「妻または夫」などさまざまな側面があるにもかかわらず、統合失調症療養者の「親」としての一面を強調して生活せざるをえない現状にあったといえる。

親が必要とする支援

今回得られた語りから、統合失調症を患う子どもだけでなく、親自身もまたさまざまな困難を抱えて生きていることは明らかである。親への社会的支援を検討するために、親の経験のなかで必要であった支援をみてみると、発病当初の［認識不足のなかでの対処］に関しては、すべての家族に対する教育的アプローチが必要であった。その内容は疾患や治療の理解に留まらず、子どもへの接し方、家族自身のケア方法、地域にある社会資源の紹介等が挙げられる。

また、［戸惑う親］が求めていたのは、援助職が話を聴くだけでなく具体的な道筋を導き出せるように支援することであった。つまり、親の話を受け止めるとともに選択肢を提案しながら、ともに解決の方向性を考えること、そして家族の変化も含めて継続的な相談・支援が必要なのではないだろうか。今回の調査で全家族が困難を抱えて生活してきたことは共通しているが、困難な内容や対処方法は異なっていた。だからこそ、個別に家族の生活や精神的な相談が必要であるといえる。さらに、子どもが統合失調症を発症してから親だけが子どもにかかわるのではなく、親族や近隣住民、援助職等の他者が介入することで、家族の状況を変化させるきっかけとなっていたことから、家庭内に他者が介入することの重要性が示唆された。

一方、今回の調査で多くの家族が「家族会は心の支え」、「仲間の存在の大きさ」について語った。同じ家族という仲間のなかで、困難を表出でき理解し合い、助言を得たり、ともに前に進む力をだせる家族会の果たす役割は大きい。そのため、専門職が家族を精神障害者の家族会に紹介し、家族会活動の理解と支援を行うことが重要である。このように、個別の支援と集団での支援の両方が親にとっては必要であると考える。

家族支援として「家族システム論」や「家族療法」、「家族心理教育」などさまざまな理論が展開されている。また、二〇一一（平成二三）年に改正された障害者基本法において、障害者の家族に対する相談業務が追記された（内閣府 二〇一一）。しかし、家族自身への積極的な支援に関して議論されることはまだ少ない。デンマークでは、家族の障害や対処などに関する理解と仲間との経験や感情の共有を目的とした家族教室を国が進めている（Buksti et al. 2006）。また、英国ではケアすることと仕事や人生を楽しむことのバランスが取れることを目指して、ケアラー（家族など）を国家的に支える政策を展開している（伊勢田他 二〇一一）。日本でも、家族会活動だけに期待するのではなく、援助職による家族教室の制度化や家族個人への積極的な支援を検討する必要があると考える。

五　本研究の限界と課題

本研究の調査対象は家族会に所属する親五名で、子どもは治療を継続中であるため、今回得られた結果を一般化するには限界がある。家族会に参加できない親や子どもが治療を拒否し続けているケースなど、対象を広げて検討していく必要がある。

【謝　辞】

本研究を行うにあたり、調査にご協力いただいたご家族の皆様、家族会の皆様、関係機関の皆様、ご指導くださいました東京大学の榊原哲也教授、首都大学東京の西村ユミ教授、立命館大学応用人間科学研究科対人援助学領域の土田宣明教授、藤信子教授に心から感謝いたします。

【文　献】

石川かおり・岩崎弥生・清水邦子（二〇〇三）「家族ケア提供上の困難と対処の実態」、『精神科看護』、第三〇巻第五号、五三-五七

伊勢田堯・岡崎祐士・針間博彦・西田淳志（二〇一〇）「あるべき家族支援サービスネットワーク」、『精神科臨床サービス』、第一〇巻第三号、二九〇-二九四

伊藤順一郎（二〇〇五ａ）「こんなときどうする？　症状とその対処法」、伊藤順一郎［監修］『統合失調症――正しい理解と治療法』、講談社、一〇、一六-二五頁

伊藤順一郎（二〇〇五ｂ）「これからどうする？　社会復帰に向けて」、『統合失調症――正しい理解と治療法』、講談社、六六頁

岩崎弥生（一九九八）「精神障害者の家族の情動的負担と対処方法」、『千葉大学看護学部紀要』、第二〇巻、二九-四〇

岡村正幸（二〇〇九）「現代社会と障害者――精神障害者と家族の状況」、日本精神保健福祉士養成校協会［編］『精神保健福祉論』中央法規、一五〇頁

大島　巌・伊藤順一郎・柳橋雅彦・岡上和雄（一九九四）「精神分裂病者を支える家族の生活機能とＥＥ（Expressed Emotion）の関連」、『精神神経学雑誌』、第九六巻第七号、四九三-五一二

佐藤郁哉（二〇〇八）『質的データ分析法――原理・方法・実践』、新曜社

高尾兼利（一九九三）「発達のプロセスⅡ――青年期のこと」、平山　諭・鈴木隆男［編］『発達心理学の基礎Ⅰ――ライフサイクル』、ミネルヴァ書房、一〇〇‐一〇一頁

田中智子（二〇〇七）「障害者家族のリアリティと家族支援」、障害者生活支援システム研究会［編］『障害者自立支援法と人間らしく生きる権利』、かもがわ出版、二四三頁

内閣府（二〇〇六）「『暮らしと社会』シリーズ」、『平成一八年版障害者白書』、一七九頁〈http://www8.cao.go.jp/shougai/whitepaper/h18hakusho/zenbun/pdf/index.html〉（二〇一一年一月二一日）

内閣府　共生社会政策統括官（二〇一一）「障害者基本法の改正について（平成二三年八月）」〈http://www8.cao.go.jp/shougai/suishin/kihonhou/kaisei2.html〉（二〇一二年一二月二六日）

馬場禮子（一九九〇）「総論――家族の心理臨床」、岡堂哲雄［編］『臨床心理学体系（四）家族と社会』、金子書房、一〇頁

半澤節子（二〇〇五）「精神障害者家族研究の変遷――一九四〇年代から二〇〇四年までの先行研究」、『人間文化研究』、第三巻、六五‐八九

半澤節子・田中悟郎・後藤雅博・永井優子・関井愛紀子・田上美千佳・新村順子・稲富宏之・太田保之（二〇〇八）「統合失調症患者の母親の介護負担感に関連する要因　家族内外の支援状況と家族機能の関連」、『日本社会精神医学会雑誌』、第一六巻第三号、二六三‐二七四

Buksti, A. S., Munkner, R., Gade, I., Roved, B., Tvarno, K., Gotze, H., & Haastrup, S. (2006). Important components of a short-term family group programme. From the Danish National Multicenter Schizophrenia Project. *Nordic Journal of Psychiatry, 60*(3), 213–219.

Brown, G. W., Monck, E. M., Carstairs, G. M., & Wing, J. K. (1962). Influence of family life on the course of schizophrenic illness. *British Journal of Preventive and Social Medicine, 16*, 55–68.

Greeff, A. P., Vansteenwegen.A., & Ide, M. (2006). Resiliency in families with a Member with a Psychological

Disorder. *American Journal of Family Therapy, 34*(4), 285–300.

第七章　養護教諭のまなざし

――メルロ＝ポンティの身体論を手がかりに

大西淳子

一　はじめに

私は小学校時代に、裸足教育という身体感覚を大事にした健康教育を受けて育った。振り返ってみれば、今の自分が「児童・生徒の養護を掌る」養護教諭としてあるのは、その当時の、こうした健康教育を取り入れた養護教諭の存在が大きい。物心がついた頃には、家の書棚にあった『家庭の医学』シリーズを読みふけっていた記憶がある。この頃から身体というものに興味をもち、身体の仕組みや機能を知れば知るほど、言葉では言い表し難い、怖いけれど不思議で、畏敬の念さえ感じる経験をしていた。ドイツの宗教哲学者であるルドルフ・オットーのいうヌミノーゼ（das Numinose）、つまり「畏怖と魅惑」に近い感覚である。特に各臓器の解剖学的な詳細な記述の部分では、これが人間の身体の一部であるのなら、何によって身体は形づくられ、その身体として人間は動かされ、そして何のために生きているのだろうという疑問をもった。それは、何か超越的なものの働きによってなのか。幼心に、身体や生命の偉大さを感じ取っていたのが思い出される。

養護教諭は、学校のなかで唯一、子どもの身体に向き合い、日常的に身体に直に触れることができる立場にある。むしろ、身体をみたり触れたりすることから、子どもたちのことを把握している。例えば、バイタルサインを診るために手首の脈拍に触れて検脈するとき、体温計の数値だけではなく額や頸部に触れて体温を確認するとき、ケガの応急処置をするときや教室へ戻る児童生徒の背中を手でポンポンとタッチして身体の緊張を弛めるときなどに、身体への接触を行っている。加えて、このような直接的な接触だけではなく、子どもの表情や声色、息遣いや振る舞いなど、人間の存在そのものとしての身体をみないとわからないことが大半だといっても過言ではない。そして、子どもたちの身体をみるのは、養護教諭である私の身体である。

したがって、養護教諭は自己の身体と子どもたちの身体の間で行われるコミュニケーションの感度やそこに現われる意味が問われる職務といえる。なぜならば、保健室には応急処置や健康相談活動もさることながら、ストレスや不安、悩みなどさまざまな心身の問題を抱える児童生徒が来室し、その数は増加している。日々の児童生徒とのかかわりのなかで、子どもたちは心から安心できる場所を求めており、その一つが保健室であるためだ。子どもたちは、不登校やひきこもり、反社会的な行動に至るまでに、遅刻や欠席、授業中のエスケープなど、何らかの身体レベルでのサインを出していて、その一つが保健室の来室であると考えられる。彼らは、身体面だけではなく、学習面や友人関係、家庭環境の問題など複雑に絡み合った問題を抱え、クラスや教室で過ごすことが難しく、自分の存在をありのままに受け止めてくれる居場所を求めてさまよっている。養護教諭は、そのような教育現場で子どもの訴えに耳を傾け、身体の様子をみながら、問題を感じとっている。

こうした背景から私は、養護教諭が行う身体の具合を問診していくこと又は身体をみるということは、どういうことなのか、この身体からみえてくることや感じられることに基づいた子どもへの支援とはいかなる実践であるのかという問いをもった。本章では、この問いをもとに、養護教諭が子どもたちに向けるまなざしとその具体的な実践を探究したい。

二　養護教諭と保健室の歴史

養護教諭は、「学校で唯一評価をしない」教育職員とされてきたが、一九九八（平成一〇）年の「教育職員免許法」の一部改正により、条件つきではあるが、保健の教科の領域にかかわる事項について授業を担当できるようになり、「評価」にも関与するようになった。そのような変化はあるが、養護教諭は保健室の機能を活かし、身体を中心軸に子どもの教育や存在を捉え考えており、生活により近い「場」にいる。しかし、各学校には一名、又は児童生徒数などの条件によっては二名程度の配置がなされているのみである。養護教諭の職務は、全校の健康管理や保健指導、健康相談活動・衛生管理・応急処置・保健室登校の受け入れなど、多岐にわたっている。特に公立学校では、地域性を反映したさまざまな背景をもった子ども達がいる。それゆえ、養護教諭たちは多様な課題をもった子どもたちと接することが求められ、日々のかかわりのなかで自己の実践を問い直しつつ、その課題に応じた実践を模索している現状にある。

養護教諭が身を置く場は保健室である。先にも述べた通り、保健室は救急処置や健康診断をする場であり、かつ心身の相談もできる場所であるという認識が一般的だが、「たまり場」、「駆け込み寺」、「オアシス」など、多様な意味をもつ場としても捉えられている。この保健室には、学校内におけるアジール（asile）としての機能もある。本章ではこのアジールを、聖域や避難場所、又は治外法権として特別な場所という意味で用いる。学校における保健室はこのようにいくつもの要素を宿しながら、子どもたちにとっての安心安全の場としての役割を担っている。保健室とは学校においてそれほど特別な場であり、日本固有の教育の「場」といえる。

保健室は、「保健室登校」、「いじめ」などの言葉によって、九〇年代頃からマスコミで取り上げられるようになった。そして、その時代を象徴するかのような形態へと変化し、これに応じて養護教諭の役割も柔軟に変容してきた。「保健体育審議会答申（平成九年）」では、児童生徒の心身の不調の背景にいじめなどの心の健康問題がかかわってきていることなどのサインにいち早く気づくことのできる立場にある養護教諭の新たな役割として、健康相談活動（ヘルスカウンセリング）が重要視されている。社会環境の変化に伴った子どもの心身のニーズに対応し、職務内容の変遷が念頭に置かれているためか、二〇〇八（平成二〇）年「中央教育審議会答申」では、養護教諭の職務について「現在」という文言が前置きされている。

さらに遡ると、一八八八（明治二一）年に、我が国の学校健康診断の源流である活力検査（体格・体力の測定）が行われ、トラコーマの予防など公衆衛生や保健指導に対する需要も高まった。今日の養護教諭の前身となる学校看護婦は、一九〇五（明治三八）年に、岐阜県で数名配置されたことを機に始まり、一九四一（昭和一六）年に国民学校令が公布されて学校看護婦から養護訓導に職制化された。そして、一九四七（昭和二二）年には「学校教育法」の公布により、その名称が養護教諭に改称されたのと同時に「教論」という役割を担って新たに出発した。戦後、ＧＨＱはアメリカのスクールナースを基盤として学校看護婦を考案していたようだが、日本はあくまでも「養護」という基本概念に依拠し、教育職員として養護教諭という制度を導入した。こうして、日本の保健室は世界的に類をみない「場」となり、養護教論を配置する制度は、欧米のスクールナースとは異なった制度として確立された。

このように制度化された養護教諭について、宍戸州美は次のように述べる。

「養護教諭」という職種は、日本が独自に発展させてきた職種です。その前身は学校看護婦であり、出発においては欧米諸国と同じでした。しかし、欧米がそのまま公衆衛生看護の立場で学校や子どもたちに関わってきたのに対し、日本では教育職員として学校の中に定着してきたのです。（全国養護教諭サークル協議会 二〇〇五：四-五）

さらに宍戸は、約一〇年間に渡って「健康教育世界会議」に参加して欧米のスクールナースと交流し、その場で養護教諭とスクールナースの違いの大きさを実感したという。スクールナースは看護師という役割に近い立場で複数の学校を担当し、勤務は週一-二回程度の非常勤であることが多いが、日本の養護教諭は各校に常勤で配属されている。さらに養護教諭は、単に教育と看護の間の役割を担う職種というだけでは説明したことにならず、あくまでも「養護」という視点から教育に携わるという特殊な学際的見地にある。名称の英訳に関しても議論がなされ、“School nurse teacher”ではなく、“Yogo teacher”で統一し普及させようとする動きもある。この、教育とか看護という言葉だけでは説明できない意味合いを含む「養護」という実践と養護教諭の子どもたちに向けられるまなざしは、保健室という場とともに、その具体的な事象を捉え直すことによって理解できるのではないだろうか。

三　探究の視点としての身体論

三・一　なぜ身体を問うのか

私が初めて転勤した中学校では、生徒同士のケンカや対教師への暴力などの問題行動が増え、学校が荒れ始めた。またそれと同時期に、授業中や休み時間に大きなけがをする事故が多発していた。言語化できない生徒たちの苛立ちや不安が身体レベルにまで表出してきたのである。生徒たちは苛立ちなどの感情の処理の仕方がわからず、やり場のない気持ちを抱えていた。廊下に唾が吐き捨てられ、奇声を発したり暴言を吐く問題行動から、行き場のない身体を持て余し、人の身体を傷つける暴力やものに八つ当たりする破壊行為に転じていたことが見てとれた。教育現場では、こうした行動を心に問題をもったことによる「不適切な行動」と捉えて、心を操作して行動を修正するための指導を行ってきた。言い換えると、行動の原因が心にあるとし、この心を対象化して操作しようとしたのである。他方で、行動する当の身体は、保健体育の授業等において運動能力に還元され、評価の対象となっていた。校内会議で行われる情報交換や日常の雑談のなかでも、「身体やその表現の仕方」に関心を向けて議論することはほとんどなかった。このように、教育現場において生徒たちの心と身体は別々に切り離され、それぞれが別の次元で操作される対象と位置づけられていた。私も、生徒の相談に乗ったり保護者と話をしたりするなどしてこの状況に応じようとしたが、行動を理解する視点を見誤っていたためか、幾度も自身の無力さや至らなさを目の前に突きつけられ、コミュニケーションの難しさを痛感した。

また私は、こうした子どもたちにかかわるなかで、「なぜこんなに苦しいのだろう……」と養護教諭としての在り方を見失いそうになり、原点回帰を要請された。今までの方法では通用しない現実に直面し、一種の挫折体験をきっかけに初心に帰るということが、子どもたち（「おとな‐子ども」）の表現（行動）の意味の捉え直しに向かわせ、自らの立ち振る舞いに目を向ける契機となった。

とりわけ養護教諭の実践の基本である「手当て」は、身体を「温める」、「冷やす」、「さする」、「タッチする」などの我々の身体を媒介とする行為が中心であり、それらには「養護教諭のまなざし」が孕まれていると思われる。しかし、そのまなざしについては、これまではっきり自覚していなかった。自分の実践の核を揺さぶられるような経験によって、「生徒の身体をみるということ、又は身体を共にするということ」には、いかなるまなざしが孕まれ、それがどのような意味を浮かび上がらせているのかという問いが浮上した。子どもたちと共に悩みながら保健室に一緒に居続けるという行為（身体を共にした営み）から、何らかの意味を伴った交流が始まり、そこにはただ単にある時間を過ごすということだけでは片づけられない豊かな経験が内包されていた。この未だ言葉にできていない学校教育のなかでの経験は、身体固有の次元からその成り立ちを捉え直すことで、これまでみえていなかった養護教諭の実践を見出すことにつながるのではないかと考えた。

上述の議論より、本章で注目したいのは、原因と結果という図式で説明される心と身体ではなく、教員、特に養護教諭が見る者となり、生徒が見られる対象となるような心や身体でもない。さらに養護教論の実践はその相手である子どもの状態と切り離されていない、世界に内属している身体の営みである。それゆえ本章では、養護教諭の実践を「身体」という存在次元から捉え直し、「世界に身を挺している主体としての身体」に着目したメルロ=ポンティ（M. Merleau-Ponty, 1908-1961）の現象学を手がかりとして検討を進めることとする。

メルロ=ポンティ（一九六七）は、「私は自分の身体を手段として世界を意識するのである」（メルロ=ポンティ 一九六七：一四八）と記述し、身体は精神と切り離せないものであり、むしろ同じ一つのあり方の表裏だと主張する。そして、「私が世界について知っている一切のことは、たとえそれが科学によって知られたものであっても、まず私の視界から、つまり世界経験（expérience du monde）から出発して私はそれを知る」（メルロ=ポンティ 一九六七：三）とも記し、身体は対象化して問われる前に、すでに世界内存在として生きられて（経験されて）いることをみてとっている。そして、その存在の在り方、とりわけ知覚経験を記述することに研究の主眼を置いた。

ケアの成り立ちの研究において現象学、殊に身体への着目が重要であることを強調する西村（二〇〇一）も、メルロ=ポンティの現象学的身体論が、「近代科学の枠組みの中に入り込んでいる自分の在り方に気づかせ、科学的な認識以前の「生きられた世界」に立ち帰ること、すなわち「世界を見る事を学び直すこと」を主眼」（西村 二〇〇一：四二）とする点で、はっきり言語化されていない看護実践の探究において重要であると述べている。それゆえ、本章においてもメルロ=ポンティを手がかりとすることは、子どもたちの行動を心の問題の現われとしていた私たちの見方から、問題（児）というレッテルを取り払って彼らの存在へと迫ることを可能にすると考える。

またメルロ=ポンティは、デカルトの「心身二元論」に異を唱え、身体を人間の主体とみる考えを一貫してもち続けた。外部から俯瞰的に身体を捉えるのではなく、世界との接点である身体の「知覚」へと主眼を置き、「世界とのあの素朴な接触を取り戻」（メルロ=ポンティ　一九六七：一）そうとしたのだ。要するにメルロ=ポンティは、精神と意識とが区別された二元論の次元の経験を論じているのではなく、その手前、つまり意識に現われる（反省の）手前の層から経験の成り立ちを論じようとする。この意識する手前の層における営みに、メルロ=ポンティは身体性を見てとっており、身体性を議論するときに、われわれの知覚経験が主題化される。こうした現象学の視点は、彼らと私たちとの隔たった「おとな－子ども」という関係の距離を埋めてくれる可能性があり、また子どもの身体の表現の理解を、これまでとは別の視点から可能にしてくれると考える。それゆえ本章では、メルロ=ポンティの身体の現象学を手がかりにして、養護教諭の経験を記述的に開示する。

次節では、養護教諭として私自身が経験した事例Aさんを紹介する。すでに述べた通り、本章では事象そのものへ立ち帰り、そこから経験の成り立ちを記述することを目指している。そのため、Aさんとのかかわりにおける私自身の経験を、できるだけ既存の見方にとらわれずに記述することから始めたい。

四　養護教諭の経験：語らないAさん

四・一　居場所を求める身体

ここでは、保健室で起こった言語化が難しい経験を、身体の次元から捉え直しつつ紹介する。これは私にとって、一つの「転機」となった経験である。

Aさんは中学三年生の小柄な女子生徒であり、男女問わず友人がおり、性格は明るくリーダーの役割を担うこともあった。そのため、一見する限りでは、特別な問題を抱えているようには見えなかった。しかし、他の生徒に比べて保健室への来室回数が多く、その際、たびたび「何となくしんどい」という不定愁訴を訴えていたため気になっていた。Aさんは、笑ったり泣いたりするなどの感情表現は豊かだが、言語表現が上手くできないのか、私が「最近、何か気になることがあるの？」と問いかけても「大丈夫です」や「しんどい」と言うだけで、あまり多くを語らない生徒であった。そのため、私はどのように言葉をかけて対応すればよいのかわからず戸惑った。Aさんはいつも、ただただしんどそうに、保健室の中央にある六人掛けのテーブルセットの椅子に座って静かに休養していた。Aさんのたたずまいから、〝何か苦しいもの〟を抱え、〝何かを求めて〟保健室にやってきていることは見てとれた。

Aさんが保健室に来室した際、私はいつも「内科記録カード」を手渡し、本人に記入してもらいながら、カードの内容に沿って問診をした。「内科記録カード」（以下カード）とは、A5の大きさの問診票で、自覚症状やバイタルサインはもちろん、排便や睡眠時間について記入する欄が設けられており、生活模様から身近な出来事や身体の様子を聞き出す一つの手立てとして使用している。また、生徒が自分でカードに記入をすることによって、自らの生活や身体の様子を振り返り、気づきを促すことも意図されている。緊急性がない場合には、このカードの内容を中心に身体の訴えなどを確認することから始め、雑談や本題に入ることが多かった。そのため私はAさんの頭痛やしんどいという記入内容をもとに、「いつから頭痛がするの？」、「何か思い当ることはある？」、「Aさんはどうしたい？」と、話の糸口を探りつつ根気強く問いかけた。しかし、Ａさんは沈黙のままで、ほとんど雑談をしようともしなかった。私が他の生徒の対応をしていた際、ふと背後に気配を感じて振り向くと、Ａさんが黙って保健室の椅子に座り、何の挨拶や声かけもなしにこの場にいたことに驚いたこともあった。

このように、Ａさんは何かを内に溜め込んだまま閉じこもるようにテーブルに頭を伏せて座り、私が「何かあったの？」と話しかけてもほとんど応答しない。そのような状態から、何か悩みがあるなと感じても、その頑固な態度にかける言葉がみつからなかった。Ａさんの何か煮え切らないそのような立ち振る舞いや沈黙は、私に対しての拒否反応にも思われ、私を困惑させた。

なかでも印象的だったのは、Ａさんの友人が「先生、Ａさんをお願い」と泣いたＡさんを連れて保健室へやってきたときだった。私はＡさんに、「何かあったんやね。ここに座って落ち着いて」と椅子をひいて声をかけ、座るように促した。Ａさんは一人で保健室へ来室することが多かったが、このように周りの人を巻き込んでいるときも、こちらのいくつかの問いかけに対し、なぜ泣いているのか理由も言わないで「大丈夫です」と言って沈黙するだけだった。黙ってうつむいたままのＡさんを見て、私は「どうしよう。嫌だなぁ。でも、こちらに来たからには、何らかの手立てを講じないといけないし……」と心の中で呟いていた。と同時に、拒否反応にも似たみぞおちが詰まったような緊張感を覚えたのを記憶している。そんな私の状態にもかかわらず、Ａさんの友人は、「何か様子がおかしいけれど話してくれないし、どうしていいか分からない」と訴え、「保健室ならよく行っているからと思ってＡさんを連れてきた」と言い残して教室へ戻っていった。生徒たちの観察力は鋭く、誰がいつ保健室に出入りしている友るなどの状況を実に細かく把握しているのである。またその様子から、Ａさんは普段仲よくしている友人たちにさえ何も話していないことが見てとれた。駆けつけた担任教師も、Aさんが何も話さないため、何を悩んでいるのか理解できず、どう接していいのか悩んでいるとのことだった。私も同様だった。

この出来事からしばらく経ったある日、いつものように散歩を兼ねて校内を見回っていると、Aさんが「先生〜」と笑顔で明るく話しかけてきた。保健室に駆け込んでくるときの悲壮な様子とは違い、そのギャップに、Aさんの気分の浮き沈みの大きさを感じた。どちらが本当のAさんの姿なのだろうと思ったときもあったが、次第に、いずれもAさんなのだろうと思うようになった。友人たちと楽しそうにしているときと、保健室で何も語らないまま閉じこもっているときとのギャップが、彼女の苦しみを物語っているのかもしれない。一見、「元気で問題なくやっている」生徒でも、過剰な適応状態になり頑張り過ぎている可能性があるのかもしれないし、またその子なりに人には言えない悩みや苦しみを抱え、それを言葉で表現できない分、根深いものがあるのかもしれないと私は思うようになった。

こちらの戸惑いを知らないAさんは、相変わらず保健室に足繁く通ってきては無言のまま椅子にじっと座り続け、閉じこもった身体で何かを訴えてきた。言葉で訴えはしないけれど、こちらへ無言のサインを送ってきていることは事実であり、何らかの救いを求めている様子は感じとれた。そんなある日、少し涙の跡を残したままAさんが保健室にやってきた。そのAさんの顔を見て、私はなすすべもなく彼女の隣の椅子に腰をかけた。どう対応していいのかわからないものの、今すぐ教室に戻れそうにないなら、Aさんの気持ちの整理も兼ねて同じ空間に身を置いているだけでも……と次第に思えるようになり、何も聞かずに同じ空間にただ居るように努めた。私は「Aさん。教科の担当の先生には連絡しておいたから、次の授業時間までゆっくりして」と少し声をかけ、頷くAさんをちらっと見ながら、何も言わずにそっとしておいた。私はしばらく同席した後、時間を見計らってそっと席を立ち、窓辺の観葉植物の水やりや、書類の封筒詰めやアイシング用のガーゼの折り畳みなどの単純作業をしながら、ぐずぐずしているAさんの様子を見守った。

このようなかかわり方をしていたある日、Aさんの方から「先生、なんか手伝うわ」と言ってきた。突然のことで動揺をしたが、私は「ありがとう。助かるわ」と平静を装って返事をして、一緒にガーゼの折り畳みをした。しばらくして、Aさんはガーゼを触りながら、ぽつりぽつりと「先生、あのな……」と胸の内を語り始めた。恋愛や友人関係、そして受験勉強の悩みなど、不安に思っていることを少しずつだが口にしてくれた。私は少しのアドバイスをしたのみで、むしろAさんと一緒にいること、言い換えれば、存在を受け止めるだけでもいいと思い、時間と空間をともにすることを心掛けた。それが半年程度続いた。特に何か具体的に問題を解決するでもないため、このままでいいのだろうか、と葛藤する気持ちをもちながらかかわっていた。次第にAさんの来室も少なくなり、私も彼女のことがあまり気にならなくなった。

その後、卒業前に三年生の生徒たちが、今までお世話になった先生方にメッセージを書くという取り組みがあり、担任の先生経由でAさんから私宛ての手紙をもらった。その手紙には、「先生は保健室に私が行くと、「Aちゃん」といつも笑顔でむかえてくれてとってもうれしかったです。私が元気ナイとすぐに声をかけてくれたり、時には何も言わずに保健室に居させてくれたりしてとても助かりました」と書かれていた。私が、それまで生徒の様子を見ながらこれでいいのだろうかと日々悩み、自問自答しながら自分の感覚で実践してきた対応を、少し認めてもらえたかのような感触を掴んだ出来事だった。

四・二　身体性からみた養護教諭の実践

前節のAさんの事例をみると、例えば、何も語らないことは心を閉ざしていることのみを意味しているわけではなかった。Aさんの苦しみは、言葉で語られなくても、身体によって訴えられていた。保健室にAさんが来室していた当初は、私も何も言わないAさんの苦しんでいる様子に引っ張られないように無自覚のうちに抵抗し、少し距離を置いて彼女を見ていた。そのため、〈私〉と「あなた」（Aさん）の間には隔たりがつくられ、結果的にAさんを、心を開いてくれない人だと思い込んでいたと考えられる。それゆえ、頻繁に来室するけれども相談をする様子もなく沈黙するAさんの態度が重く感じられ「何があったのかちゃんと話してくれないと分からない」と、思わず口に出してしまったこともあった。

また、Aさんの振る舞いに見てとった保健室とそれ以外の場所、例えば、クラスや学年のフロアーで見るAさんの様子とのギャップの経験に、私が知らぬ間に保健室で見るAさんの様子に応答し、その構えで彼女の一面のみをみていたことに気づかされた。言い換えると、私には目の前で悩んでいる子どもに対して何らかの答えや方向性を出さなくてはならないという強い思いがあった。教員という職業柄なのか、「生徒の相談に対して何らかの結果を出さなければならない」というイラショナル・ビリーフが自分の足元をがんじがらめにして動けなくしていたようである。この呪縛は暗黙のうちに私に了解されていて、目の前の事象を歪めたり一面のみを捉えさせたりしていたと考えられる。教員は「こうあるべき」という、ある一方向のみに価値をおいて物事をみていると、生徒の一部はみえても何か大切なことを見落としている危険性が生ずることがある。つまり、それまでの私は問題を解決することばかりに意識が向かっており、子どものぐずぐずした態度に寄り添ったり、悩みながらも一緒に過ごしたりという過程を大切にすることを忘れかけていたのである。そのため、目の前の子どもが発している身体のサインを見逃していた。

私は、沈黙するAさんに対するかかわりに悩んだ挙句、あるときから彼女の悩みへの問いかけをやめた。私の問いかけは、Aさんの欲していることに合わないのではないかと反省し、さらに、Aさんが沈黙していることには何らかの意味があるのではないかと考えた。今思えば、言葉にばかり頼って、どのような言葉がけをどんなタイミングですればいいのかということばかりを考えていたため、Aさんの感じている苦しい気持ちに共感するよりも先に説明を求めていたことになり、それがAさんを沈黙させたと思われる。そのような原因究明や問題解決にばかり向かっていた私の姿勢は、それと対になっていたAさんの沈黙によって、なすすべもなく隣の席に腰をかけるという実践へと組み換えられた。Aさんの継続する沈黙は、それまでの私の実践や考え方などのすべてを一旦棚上げし、今・ここの状況に身を置き、巻き込まれてみるという行為へと向かわせたのである。

このAさんとの経験は、私自身の生徒へ向かう態度や実践への内省を喚起し、自身が陥っているものの見方に気づかせてくれた。それは、今・ここにいるAさんの存在、言い換えると、ありのままのAさんを受け止め、今はどうしていいかわからないけれど、まずは目の前にいる彼女の悩みに寄り添えるように時間をかけることへと私を導いた。この寄り添おうとする態度の変化が、〈私〉と「あなた」は他人だから話さないとわからないという〈隔たり〉を取り除いてくれた。つまり、あらかじめAさんから話を聞かないとわからないということではなく、Aさんと一緒にいる（ともにいる）ことで、すでに何らかの交流が始まっており、それ自体がAさんとの関係を変える働きをしていた。相手を問いただすのではなく、相手の悩みの傍らに身を置くことによってAさんとの交流が生み出され、自己と他者という二元論の図式が知らぬ間に克服されていたのである。

そして、このAさんの傍らに身を置くことによって生じた交流は、ガーゼの折りたたみをする私の姿を見つめていたAさんが、沈黙を破って「先生、何か手伝おうか」という気遣いを生み出すことへとつながったといえるのではないか。こうした他者への気遣いが生まれるのは、他人の行為を自分の身体に感じとれるからであり、ともに居合わせることを介した交流に導かれた営みであるといえる。

こうした事態について、メルロ=ポンティは次のように述べている。

> 私の「心理作用」は、きっちり自己自身に閉じこもって、「他人」はいっさい入り込めないといった一連の「意識の諸状態」ではありません。私の意識はまず世界に向かっており、それは何よりも〈世界に対する態度〉です。〈他人意識〉というのもまた、何にもまして、世界に対する一つの行動の仕方です。そうであってこそ初めて私は、他人の動作や彼の世界の扱い方の中に、〈他人〉というものを見出すことができるわけでしょう。（メルロ=ポンティ 一九六四：一三三）

このようにメルロ=ポンティは、私も他人もともに〈世界に対する態度〉をとっており、その他人の世界に対する動作のなかに他人を見出すことができると述べている。言い換えれば、私の世界への態度を通して、私は他人に開かれ、他人との交流を実現しているといえる。その態度を足場とした交流に、私はAさんという存在の傍らに居つづけることを促され、Aさんは私の行為を気遣うことへと促されたのである。ここでのAさんの〈存在〉とは身体そのものであり、身体を軸に子どもにかかわっていくということは、子どもの存在様態をありのまま受け止めつつ、同時にその子どもに存在を差し出し相互に包み込まれる関係にあるということである。存在をともにするだけで受け入れられているという感覚を覚え、根源的な不安が解消されるのではないかという考えに至ったのは、Aさんとともに過ごした経験から教えられ、Aさんからもらった手紙によって確かめられた。

以上の議論を別の角度から検討すると、次のように述べることもできる。保健室での実践は、私とAさんの間でつくり上げられ、互いが互いの行為や態度に促されて成り立っていた。つまり、私自身の態度はAさんの存在を通して知らされ、それを通して本来の人と人との在り方を教えられた。同様に、Aさんの態度や行為においても私の存在が意味をもち、両者の態度や行為が現象学の創始者であるフッサール（一八五九–一九三八）が他者経験として論じた「対化」の関係において成り立っていたといえる。

保健室での子どもたちとの関係は、肩に力の入った私の身体をのびのびと柔らかく開放させてくれた。こうした経験を通して、私には生徒に対して何かしなければいけないという圧迫感や身体の構えがなくなった。それは、管理するまなざしではなく「おおらかに子どもをみる養護教諭のまなざし」の重要性を実感するに至った。

五　結　び――養護教諭のまなざし

本章では、中学校の保健室で経験した事例をもとに、養護教諭である私と生徒との関係を身体の次元における交流に着目して論述してきた。言語化される手前の次元において、生徒の身体が発している言葉に耳を傾けることを通し、養護教諭の態度がその生徒とともに変わる、その成り立ちを考察する試みである。

本章で紹介した事例は、私が養護教諭として新人でもないがまだベテランともいえない採用七－八年目の頃に経験した。質的にも量的にも仕事に慣れてきた頃に、今までの自分の経験にはない異質なタイプの生徒（Aさん）と出逢い、彼女とのかかわりを通して、言語による生徒の理解と教育だけでは養護教諭の実践には限界があることを教えられた。そして、そのAさんとのかかわりの経験を通して、身体の次元におけるコミュニケーションに支えられて互いの態度や行為が変わり、そこにケアが生成されることに気づかされた。私たちの身体を介した交流は、教員と生徒の間において、育てているつもりであった自分（教員）が生徒によって育てられていたという相互反転性を引き起こす。これも、意識される手前の次元における身体の営みによるものである。

学校教育のなかでは、言葉によるコミュニケーションで意思疎通を図っているが、しんどさや生きづらさを抱えた生徒のなかには、自分の気持ちや状態を上手く言葉によって表現できない者も多い。Aさんのように身体レベルで感情を表出してきた生徒との触れ合いが、言語のみによる意思疎通や支援の難しさを私に突きつけた。その生徒の身体の表現を前に、私は生徒とどのようにかかわって良いのかに悩み続けたが、言葉による問いかけが生徒の求めに合っていないことに気づき、ただただ一緒に居つづけることを選び取るに至った。一緒に居つづけることを通して、私の身体は生徒の身体の呼びかけに触発され、隣に座るという行為へと向かわされた。そのとき私は、それまでの養護教諭としての役割に固執せず、一人の人間として悩み苦しむ生徒に寄り添っていたのである。そして、Aさんが何を悩んでおりどう対応して欲しいのかなど、悩んでいると思われることの原因を詮索したり、それを取り除く対応をしたりせずに、そのとき自分にできること、すなわちAさんの隣に座り寄り添うことによって、彼女の不安な気持ちの機微に気づき、さらにその傍に居て時間と空間をともにすることによって、期せずしてケアとなっていた。

これは、それまでに植えつけられた、言葉を用いて相手を理解することや悩みの問題解決が優先だという価値判断から私を解き放ち、特定の考えに固執しない柔軟な考えの必要性を教えられた経験である。このような気づきが身体の知性であるのは、他人の行為を自分の行為として受け取ることにおいて実現しているためである。メルロ=ポンティの言葉を借りると、「おのれでありつつおのれを乗り越える」という身体の両義性による現象なのである。このように、身体レベルで共感し、相手の表情や佇まいなどに引き寄せられ、気がついたときにはかかわり合いのなかに巻き込まれていることを可能にするのも、身体の働きといっていいだろう。物質的には閉じたようにみえても、身体は常に世界に開かれており、言葉を発しなくても何らかの事柄を表現している。それゆえ、養護教諭が児童生徒に向けているまなざしは、子どもたちとの身体を介した交流に支えられつつ、児童生徒が人間として存在するその在り方を包み込み、支えているのである。

養護教諭や保健室は世界に類をみない日本固有のものであり、養護教諭の職務が時代によって変化しても、変わらない価値をそのまま受け継ぎつつ更新し、今日の養護教諭の職務内容や保健室の在り方をつくり出してきた。同様に、現在の養護教諭としてのスタイルも、生徒や保護者、地域や教職員などから求められてきたケアの呼びかけへの応答から成り立っており、例えば、本章で紹介したAさんとのかかわりが私の養護教諭としての態度を変えてくれたように、多くの養護教諭たちの経験の蓄積が形づくってきたものであろう。

養護教諭のまなざしとは、子どもの身体をみることであるが、それを通して、自らと身体を介した交流をしているその子どもの〈存在〉そのものをみることである。つまり、表面的に見えているものだけではなく、身体のその奥に潜む目には見えないものを感じ、それに応じつつ、よくみようとすることである。それは同時に、養護教諭が自分自身の感じていることに気づくことでもある。『知覚の現象学I』の第一部第Ⅵの結びの言葉にも「自己の身体の発見のなかに含まれている一切のものを、よく見るようにしよう。」（メルロ=ポンティ 一九六七：三二六）とあり、本章における気づきは、このメルロ=ポンティの身体論に支えられて実現した。

【文　献】

近藤真庸（二〇〇三）『養護教諭成立史の研究――養護教諭とは何かを求めて』、大修館書店
全国養護教諭サークル協議会［編］（二〇〇五）『保健室』、農山漁村文化協会
西村ユミ（二〇〇一）『語りかける身体――看護ケアの現象学』、ゆみる出版
メルロ=ポンティ、M（一九六四）『眼と精神』、滝浦静雄・木田　元［訳］、みすず書房
メルロ=ポンティ、M（一九六七）『知覚の現象学I』、竹内芳郎・小木貞孝［訳］、みすず書房
メルロ=ポンティ、M（二〇一一）『知覚の哲学』、菅野盾樹［訳］、筑摩書房

第八章　看護の人間学
――鈴木大拙の思想を通して

尾崎雅子

一　今、看護を見直す意味

私は看護師として九年働いた後、現在、看護系大学で教員として学生に看護学の基礎を教えているが、看護師として働き始めてしばらくは、自分が行う看護について深く考えることなく過ごしていた。しかし、ある老女の死に直面し、その人の「いのち」に触れる経験をしたことを契機に、それまで行ってきた看護を反省するようになった。看護は社会全体がそうであるように西洋文明による近代化の波を受け発展してきた。科学としての看護は対象を客観的に捉え、分析を試みようとする。しかし、看護が人間と人間のかかわりにより成り立つことから、私はどうしても科学としての見方、つまり西洋的な見方だけでは応えられないものを感じるようになった。そこで本章では、自らの看護の体験を振り返りながら、西洋的なものの見方に対して東洋的なものの見方の特徴を際立たせた鈴木大拙の思想を手がかりにして、対人援助としての看護を問い直してみることにしたい。

鈴木大拙（本名　鈴木貞太郎、一八七〇―一九六六）は東洋的な精神的伝統を深く体得した人であるが、東西異文化の「間」にあって、西洋に向けては世界にとっての東洋の意義を、また日本人には世界における東洋人としての自覚をうながした。大拙は、西洋では物を二つに分けてみるが東洋は分かれる以前からみるという。[1]西洋ではこの見方によって科学が著しく進歩し、東洋はそれを大いに学ばなければならないと述べている。決して西洋がよいか、東洋がよいかを問うのではない。しかし、物が分かれるところには必ず対抗や争いの世界があり、それをなくすためにも東洋的な見方の重要性を唱えたのである（鈴木 一九九七：一六六―一七六）。

古くから看護は家庭のなかで経験的に行われてきたことであった。しかし、一九五〇年代以降、米国を中心に看護理論が次々と発表されるようになり、看護は専門職として社会に認知されるようになった。我が国の看護もその影響を大きく受けながら現在に至っている。このように、看護は科学、つまり西洋的な見方により進歩してきたのだが、それだけでは解決できないことがある。西洋的な見方は患者と看護師を二つに分け、患者を物体のように対象化してしまう。また看護師の在り方も患者から切り離して議論され、患者との関係においても、患者と看護師とを切り離さずに論じることはあまり多くない。しかし、実際の看護では、患者を対象化してみるより前に、看護師も患者と同じ人間であることを自覚しておく必要があるのではないか。したがって、もの事を分けてみる西洋的な見方による恩恵は十分理解しながらも、他方では分ける以前からみる東洋的な見方についてもその重要性を理解することが必要であると思われる。それゆえ今こそ、看護を東洋的な見方で捉え直し、看護が人間と人間の関係であることを見直すことを試みたい。

二　ある老女との出会い

私が看護師になって五-六年経った頃、看護師としての自分の在り方を問い直すきっかけをつくってくれたある患者との出会いがあった。その患者は八〇歳台の女性で肝臓がんの末期状態にあり、私が勤務していた病棟の六人部屋の入り口に最も近い場所で、何も要求せず、何も訴えず、静かに目を閉じ、苦痛に歪む表情など思い出せないほどいつも穏やかな顔をしていた。老女は自分では身体の向きを変えることもできない状態で、身の回りのことは全て看護師の助けを必要としていたが、病状は一見してほとんど変化することなく、時間はとてもゆっくり過ぎているようだった。

やがて老女の病状が悪化し、最期のときが近づいたある日、老女は六人部屋から個室に移ることになった。面会の人がほとんどなかった老女のベッドサイドには、知人らしき人たちが訪れるようになった。彼らの服装や振る舞いなどから、老女がキリスト教の信者であることはすぐにわかった。その夜、私は後輩看護師と深夜勤務であった。巡回のため廊下に出たとき、暗い廊下に唯一、老女の部屋から明かりがもれていた。廊下に通じるドアの小窓から、ベッドの周りに立っている人たちが見えた。小窓からそっと中を覗くと、そこには人びとが皆、老女の方を向いてベッドを取り囲むように輪になり、やや俯いて静かに祈っている様子があった。私はその光景をドアの外から見ただけで、中に入ることはせず、そ

[1] 西洋と東洋とは単に地理的なことを指すのではない。西洋的は物を分けてみる合理的な考え方を指し、東洋的は分かれる前の包括的な考え方を指す（鈴木 一九九七：一〇-一四）。

のままナースステーションに戻ってしまった。巡回のために部屋に入るべきだったのかもしれないが、なぜかできなかった。

そして、いよいよ最期の時。心電図モニターの心拍数が低下し、血圧も低下。呼吸も自力では難しい状態になり、当直医からは気管内挿管、人工呼吸器など救命処置の指示が出された。私は指示されるままに懸命に、老女の心臓の拍動や呼吸が途絶えることのないように行動した。しかし、老女の命は急な坂を転げ落ちるように消えていった。その後、私は後輩と共に老女の身体を清め、他の患者のために業務に戻った。老女には、翌朝、寝台車が迎えにくるまで病室で待ってもらうことになった。たしか、老女の部屋には誰もいなかったように記憶しているので、その間は老女一人であったと思う。

夜が明けた頃だったか、私はふと一人で老女の部屋を訪れ、彼女の傍らに立った。看護師になってご遺体になった患者にひとりで対面しに行ったのは初めての経験であった。老女の顔はいつもの穏やかな表情のままであった。老女の身体にそっと触れると微かに温もりが残っていたことを、今でも私は手の感覚として覚えている。そのとき、こみ上げる感情とともに涙が出てきた。私はそれまでも何度か患者の死に立ち会うことがあったが、このときのように涙があふれたことはなかった。なぜこんな気持ちになったのか、自分でもはっきりわからなかったが、看護師になってから初めての体験だった。

その後、この出来事を改めて振り返ったとき、その気持ちの中には老女に対する思いではなく、看護師である自分に対する嫌悪感のような感情が潜んでいることに気づいた。老女の最期の場面で、表面は老女を看護しているように振る舞っていたにもかかわらず、実は後輩看護師の前で先輩としてできるところを示したいという、内面にある自分のいやらしさに気づいてしまったのである。また、看護師として老女に接しながらも実は何もできていなかったのではないかという、それまでの看護師としての自分を否定されたような思いもあったかもしれないが、とにかく自分に対する負の感情で一杯になっていた。私は看護師でいることが嫌になり、やめてしまいたいという思いに落ち込んでしまった。結局、悩みながらも私は看護師を辞めることはなかったが、この出来事を誰にも語ることがないままに時は過ぎていった。誰にも語ることがないというより、語れなかったという方が当たっている。そして、心のどこかに言いようのない恥を感じつつも、看護師を続けてきた。

三　看護のうちに潜む矛盾

三・一　自分自身の矛盾

看護は患者のことを第一に考えるべきであるとされる。私自身もそうしてきたと信じていた。ところが、老女の死に直面したことによって、本当に自分の看護は患者のためだったのかという問いを真正面から突きつけられることとなった。自分が行っていたことには、実は業務がスムーズに行われることを第一に考えるという価値観や、医師や後輩看護師に対して、できる自分を示したいという自己中心的な思いが潜んでいたのである。このような自分のなかの矛盾に気づき、それに対して嫌悪感を抱いた。

私たちは日頃こうした矛盾に気づくことなく過ごしていることが多い。しかし、人間は一度立ち止まり、それが良いのか悪いのかといった価値を持ち出すことによって悩み、苦しみ、自己の矛盾に気づくようになるのである。また、人間は自己の矛盾に気づいたときから、それを何とか乗り越えようと試行錯誤しながら努力し、さらに成長していくのである。すなわち、この矛盾そのものが人間の世界をつくっており、人間は自己の矛盾性を避けて通れないのである（鈴木 一九七〇：一二六―一二七）。

「看護師であれば〝患者のため〟に援助を行うのが当然である」。この考えは私に自らの実践への反省を忘れさせた。私は、患者に援助しているつもりになっていたが、これは看護師としてのうぬぼれや未熟さによるものではないだろうか。看護師として働くようになって、一度も壁にぶつかったことがなかった私にとって、老女への看護体験により、今まで自分が行ってきた看護に矛盾を感じさせられ、一旦はすべて否定されたような思いにとらわれ落ち込むことになった。しかし、苦しく、悩んだことで、患者にどうかかわればよいのか、自分にとって看護はどうあるべきかなどが、いつも心のどこかに引っ掛かっていることに気づき、いつしかこの問いを考えずにはいられない状況になっていた。

三・二　看護の矛盾

私は老女を一人の人間としてではなく、「肝臓がん」という病気としてとらえ、老女の死が間近になった場面でも、人間の死というよりは、心臓や呼吸といった身体の機能の停止を防ぐことを第一に考えていた。しかし、私の行った行為は、八〇年の人生の最期をがんとともに生き、静かに死を迎える準備を整え自然に帰ろうとしている患者を、無理やり自然に対し抵抗させていただけであった。そしてそのことに全力を尽くした結果、かえって患者を苦しめることになってしまったかもしれない。

人間には誰でも生きようとする力が備わっており、それを発揮することによって健康に過ごすことができるのである。[2]看護師は、その人の生きようとする力が発揮できるように日々の生活に目を向け支援していく。しかし、著しい西洋医学の進歩のなかに身を置きながら活動していくうちに、看護師は、いつしか自分も人間の生命をコントロールしている一員であると錯覚してきたのではないか。老女は穏やかに、いや穏やかそうに生きてこられた。生きようとする主体はまさしく老女である。私は老女が生きようとする力を十分に発揮できるように入院生活に目を向けることはもちろん、老女の生きようとする力と呼応しながら寄り添うことができればよかった。そして、それを老女の人生の最期の瞬間まで続けられるよう支援できるとよかった。しかし私は、死が目の前に迫った老女を、一人の人間としてではなく、西洋医学の目でもって身体の機能に注目して、モニターに表れる生命兆候ばかりを見ていたように思う。そしてその見方においてでは、生きようとする彼女を看護師として支えることになっていなかった。

看護の役割は、患者の生きようとする力が尽きるまで患者自身が能動的に生きていけるようにすることだと思う。その際に患者の生きようとする力をいかに感じることができるかが大切ではないだろうか。そして、患者も自分も同じ一人の人間であり、看護が人間同士の相互のかかわりであることを看護師自身が再確認しておくことも必要だと思う。

相手を一人の人間として捉えるということは、人として尊重するということである。人間を尊重するためには、まず自分を尊重しなければならないと大拙はいう。[3] つまり、相手を一人の人間として捉えるためには、まず看護師自身が自分を尊重しなければならないのである。そしてそれは、自分の良いとこ

[2]「看護とは、新鮮な空気、陽光、暖かさ、清潔さ、静かさなどを適切に整え、〔…略…〕こういったことのすべてを、患者の生命力の消耗を最小にするように整えること」であり、その前提にあるのは、人間には生きようとする力が備わっているという思想である（ナイチンゲール 二〇〇〇：一四−一五）。

ろや悪いところを知り、それらを認めることである。ただいたずらに自分の悪いところを卑下したり、悔やんだりすることではない。自分を尊重することができて、初めて他の人を尊重することができるのである。老女を一人の人として捉えようとしていたのかを問い直すことはもちろんだが、私自身を見つめ、知ることが、当たり前のようで、実はできないままに過ごしてきたのかもしれない。

四　存在していること——虚と実

四・一　虚の存在

看護師としての私自身は老女の存在をどのように捉えていたのだろうか。私の目の前に末期のがんに侵されている老女がいたとき、私は彼女が苦しいだろうと頭で考え、死が間近に迫っているということもその状態から判断していた。しかし、それはあくまでも思考のなかだけであり、苦しみを抱えているであろう患者を前にして、「どのようにかかわればよいか、自分はどうしたいのか」という感情や意志はほとんど動いていなかったように思われる。つまり、老女は私にとって「実の存在」ではなく「虚の存在」であったように思われる。これはただ患者が目の前に実在「する」とか「しない」とかという意味ではない。患者という立場の人間が目の前にいることはわかっているが、それはあくまでも頭の中でわかっているだけのことであって、自分の身体で感じた存在ではないということである。

鈴木大拙はいう。人間は知性的分別に根ざしている存在であるが、それに抑えられていると何もできなくなる。また動物のように自然のままにしているわけにもいかない。しかし、普段意識していない霊性的なものに気づいたときに始めてその根本のところから動き出すのである（鈴木 一九九九：五三―五六）。看護師は、患者の健康問題を見出しそれを解決するために、分析を行う。それは、知性によって事実を正確に捉えようとすることであるが、知性が前面に出すぎて内面に潜んでいる情意的、意欲的なものが押さえつけられると、この状況をこうしたい、ああしたいというような看護師が行動するための原動力といったものが弱まってしまう。ただ、知性にとらわれすぎると、看護師は患者の存在を頭で考えようとしてしまい、実際の患者を見ているようで実は頭の中で考えただけの患者、すなわち「実の存在」ではなく「虚の存在」としてしか捉えられなくなる。

人間は自覚的に思惟する動物であり、物を見ること、計らいをすること、先に先にと考えていくことの働きが発達しているが、大拙はこの働きを「分別」といい、分別に自由はないという（鈴木 一九九九：四八）。分別することは右か左か、善か悪かといったことを判断することであり、私たちは日頃ここから抜けられない状態にある。そして、そのことにさえ気づくことがない。しかし、大拙は分別がいけないと言っているのではない。ただ、頭の中だけの、うわべだけで物事を考えていくことに疑問を投げかけているのである。私たちは知性や理性によって、頭の中に枠組みをつくってしまうと、それにとらわれて見えるものも見えず、感じるものも感じられなくなる。そのためにはまず頭の中の枠組みを問い直

［3］「人間すべてのものがまづ自重です。自重、自ら重んずるといふことがあって、他から尊重せられ、また他を尊重することになるのです。人間尊重は、実際、人間自重から始まるのです。人は自重するといふことから、人間尊重になるのです。〔…略…〕尊重を人から受けるんぢやなくして、自分で自重するといふことから、はじめてそこに尊重の意味が出てくる。」（鈴木 一九七〇：一四七）

すことが大切である。そして、私たちがそれを棄てることができたとき、今まで気づかなかったことに気づくことができ、その気づきによって初めて何者にも縛られずに分別が動き出すということなのである。「分別する」ことは周囲から閉じた狭い世界の中にいることであり、逆に「分別しない」ことは閉じた世界を出て、すべてのことをまず受け入れることである。これが大拙のいう「分別が無分別、無分別が分別」ということなのである（鈴木 一九九九：二五－二六）。

看護師はさまざまな年代や疾患をもつ患者を前にして、理論や経験に基づいて「一般的にはこうである」という枠組みをもって判断する。しかし、このような基準にとらわれていると、そこから外れた部分を見逃すおそれがある。人間の営みは必ずしも理論通りに説明がつくとはいえず、逆に説明できない部分が多い。そのために、看護師は考えるより前に、柔軟な姿勢で自分の五感に触れるものを体で感じることも大切にしなければならない。そうすることで、患者を「実の存在」として捉えられるのではないだろうか。

四・二　実の存在

しかしここで、一つの疑問が生じる。もし、先の老女の存在が私にとって「虚の存在」であったならば、私の老女に対する記憶がこんなに鮮明に残っているのはなぜなのかということである。私が思い出す老女は、何も訴えず、静かに目を閉じ、苦痛に歪む表情など思い出せないほどいつも穏やかな顔をしていた。彼女の病状は一見してほとんど変化することなく、時間がゆっくり過ぎているようだった。正直なところ、慌しい業務のなかでは、看護師にとって彼女のような患者は印象の薄い存在であることが多い。しかし彼女には何か違うものを感じたように思う。それは何も訴えることのない彼女の沈黙にあったのではないだろうか。

人間は自分の意思を相手に伝えるために言葉や文字や身振りなどのさまざまな方法をとるが、沈黙もその一つである。黙っているということは、もちろん何も言う必要がない場合もあるが、何も言わなくても、それ自体が何らかの意味を孕んでいることもある。動物のようにただおとなしくしているのではなく、人間は意識してもしなくても、いつも自分というものを相手に向って表現しようとしているのである。それによって人間は他者とのかかわりをもつことができるのである。沈黙は言葉ではなく、その人の身体全体、いや存在そのものが言葉の代わりとなって相手に送られる表現なのである。[4] 周囲の慌しさのなかにあった老女の沈黙は、その存在そのものとして彼女から私に送られた言葉であった。慌ただしく時間が過ぎるなかで、彼女はいつも変わらない穏やかな表情で私を見ていた。目を閉じたままで眠っているように見えるときも、彼女はいつも同じように存在し、私を見続けていたように思う。私はそのような彼女のまなざしを見落としていたように思われたが、実は無意識のうちに受け取っていたのだと思う。

老女の死後、迎えを待つ彼女の部屋を一人で訪れ、彼女のいつもと変わらない表情を見たとき、彼女から無意識に受け取っていた彼女の存在そのものが私に感じられたのだと思う。そして彼女の遺体から私の手に温かみを感じた瞬間、止めどなく涙があふれてきたのは、彼女の存在に触れたことで、初めて自分の奥底にあった何かが揺さぶられたからではないだろうか。ゆっくり話しかけることもないままに

［4］禅について論じるなかで、大拙は「沈黙は一つの伝達方法であり、禅匠たちはしばしばこの方法に訴える」と述べている（鈴木 二〇〇二：一六八）。

流れ作業のように通り過ぎていった看護師に対して、彼女はじっと沈黙によって何かを表現してきたが、看護師である私がそれに気づいたのは彼女がもう亡くなった後だったのである。

老女は確実にそこに存在していた「実の存在」だったのである。黙っていつも変わらずいることは簡単そうにみえて実はとても難しい。人間は相手に何かを伝えるときやはり言葉を用い、時には理屈で説明したがるものである。特に患者は病気から受けるさまざまな苦痛から何とか逃れようとして訴えが多くなる場合があり、時にはそれが怒りや悲しみとして現われることもあるが、彼女にはそれがまったくなかった。彼女はそれらのことすべてをそのままに受け入れて、そのままに身を任せているような印象があり、それでいて決して悲観的な感じはなく、実に穏やかな表情をしてそこに存在していた。

大拙は人は木や石のようになっていいところがあるという。枝は風が吹くままに自由に向きを変え、石は止まるところまで転がり続ける。そこに何にもとらわれない自由がある。すべてあるがままであり、自分が木である石であるなどということすら意識しない。ここに絶対受動性というものがある（鈴木二〇〇〇：一一―一二）。沈黙した老女は、自分の意思を主張することはなく、医師の行う治療や看護師の行う援助を何も言わずに受け入れていた。老女はまるで木や石のようでありながら、木や石ではなく、されるがままのようでありながら、そこに窮屈さは感じられない。自分で身体を起こすことさえもできない状態でありながら、何も不自由に感じていないような穏やかさがあった。これが絶対受動性であり、彼女の存在そのものがそれを現わしていたように思う。私は知らぬ間に、この存在とともにあったことに気がついたのである。

私は老女の存在から、看護師としての自分の在り方に気づかされたのである。いろいろなことにとらわれることによって、目の前の患者がみえなくなっていた自分に気づかされたのである。もし沈黙が老女からの私への伝言であったのなら、そこに彼女からの問いがあったのではないだろうか。

五　生きていること

自分で身体を動かすことができない老女は、毎日の生活のほとんどに看護師の手を必要としていた。私は、一人で動くことができない彼女の身体を温かいタオルで清拭した。清拭という行為は、身体を清潔にし、皮膚のもつ本来の働きを引き出し、患者に心地よさをもたらす。じっと目を閉じ、ただ時が過ぎていくのに身を任せているだけのようにみえる老女に、生きていることを実感してもらいたいと思った。しかし、私には彼女が清拭によってどんな感覚を得ていたのか見当もつかなかった。それは看護する側である私が、自分の生活のなかでこのような実感をした体験が乏しかったからではないかと思う。看護師自身に生きていることを実感した体験が乏しければ、患者にそれを感じてもらえるような援助を提供することは難しいのではないだろうか。患者にどのように援助すればよいかを考えることも大切だが、看護師は自身が当たり前に行っている生活活動を見直し、生きていることをよく感じておくことが何よりも大事なことだと思う。

人間は病気などによって健康が阻害され、今まで当たり前にできていたことが困難になったとき、初めて当たり前に過ごしてきたことの有難さを感じ、生きるとはどういうことかを真剣に問い始めるのである。生きているとは、単に呼吸して心臓が動いているということではない。

過去を贖罪し、今日一日を生ききる。望むものはきわめて単純だ。やすらかな死。あわよくば得られるかもしれない生。生の中身もまた、きわめて単純だ。眠り、触れ、感じ、考える……。（柳原二〇〇〇：五五八）

卵巣がんを宣告され、一旦は生きることに絶望したノンフィクション作家である柳原氏が、自分の生に立ち向かったときに望んだ生はあまりにも単純なことであった。これが生きていることであり、患者はそれを望んでいるのである。しかし、看護師は病気やその治療の方により関心を向け、当たり前に生きることを軽視しているように思われる。そして、看護師自身に生きているという実感が乏しいため、目の前に生きている患者がどのようなことを感じ、どんなことを願いながら生きているのかに近づくことができないでいるのではないか。

生きていることは一瞬も止めることができない。したがって、病気になることもその人の生きている過程であり、病気によってその人の人生が中断されることはない。そして、私たちの生きている世界も少しずつ変化し続けている。なぜなら私たちとその周囲の環境は互いに呼応しあい、一時たりとも停止することがないからである。現在はやがて過去になり、未来はすぐに現在になるように、生きているということは時間的に連続しており、刻々と変化しながら少しずつ前に進んでいるのである。老女の生きている世界も刻々と変化していた。しかし、私にはいつも同じようにベッドに横たわっている老女しかみえておらず、昨日と今日、午前と午後というように、変化し続けている彼女を思いやることはなかった。老女からはあたかも時が止まったかのような印象を受け、私は彼女がどんなことを考え、どんなことを感じ、何を願いながら生きているのか、思ってみることもなかった。老女は八〇年以上の人生を生きた人であったが、その人生がどのようであったのかは今となっては知る由もない。しかし老女が、私の目の前で確実に生き続けていたということは事実である。

老女はいかなる人生を生きてきたのか、老女の願いは一体何であったのだろうか。ここで私の記憶に祈りの場面が蘇る。老女の死が間近になった夜、明かりが漏れる部屋には、ベッドに横たわる彼女を囲むように、やや俯いて静かに祈る人びとの姿があった。人びとは老女への祈りを捧げ、その輪の中心で彼女自身もきっと祈り続けていたのだろう。老女は最期の瞬間まで祈り続け、最期の瞬間まで生き抜いたと信じたい。しかし、私はこの祈りの場面に非日常的な感じを得ていた。暗い廊下から小窓を覗いたときに見た祈りの場面は、光と静寂の中、映像に写された異空間での出来事のようであり、神聖な儀式のようでもあった。そして、私は見てはいけないものを見てしまったような思いにとらわれ、扉を開けることができなかった。老女の容態を確認するべきであったのにその場を見過ごし、その後老女の願いが何であったのかを考えることすらなかった。

祈りの場面からの非日常的な感覚や前節で述べた彼女の沈黙による伝言は、気づかないうちに私の奥底に何かを残していた。老女の死後、彼女に対面した瞬間、自分の奥底にあったその何かが揺さぶられ、初めて生きてきた彼女に触れたような感じがした。これが大拙のいう霊性的な面ではないだろうか。そして、それを自覚した瞬間、私のなかにある老女との時間は逆戻りを始めた。老女の最期のときに処置に追われていただけの私、ゆっくりと死を迎えようとしていた老女の手を握ることもなかった私、いつも穏やかな表情で過ごしていた老女に向き合えていなかった私、それは彼女への申し訳なさや後悔や恥ずかしさがひと塊になって、一度に押し寄せてきたような感じであった。
やがてこの出来事は、私が看護師としてどうあるべきかを考えるきっかけになっていくわけだが、この機会を与えてくれた老女は今も私のなかに生き続けている。

六　共にある関係

老女を担当していたとき、私は看護師として老女という一人の患者を看護していたはずなのに、実際は彼女にしっかりと向き合えていなかった。老女を担当していたとき、私は彼女と同室の患者はもちろん、別の部屋の患者数人も同時に担当していた。老女は自らのことを主張したり、要求したりすることなく、ただ静かにゆっくりと過ごしているようであったため、訴えのある患者を優先し、彼女にはしばしば待ってもらうことがあった。しかも、老女のベッドサイドに居るときですら、私の頭の中には、先ほどかかわった患者が話していた内容や、次に行う処置の準備のことや、時には私自身の個人的な内容まで、老女以外の内容があったことは否定できない。そして、何も訴えない老女のおかげで私の仕事は滞りなく進んでいったのである。

対人援助は人間と人間のかかわりによって生まれてくるものであり、援助関係が成り立つ時には援助する側とされる側が存在する。看護であれば看護師と患者の関係であり、看護師という「わたし」と一人の患者である「あなた」との相互の関係である。しかし、実際は一人の看護師が数人の患者を担当するために、意識しないままに「わたし」と「あなた」のはずが、とかく「わたし」と「それら」、つまり一方的な関係になりがちである。[5] 私と老女の関係を再度見直してみると、「わたし」は老女という「あなた」に向き合い、彼女がどんな思いを抱きながら、どんな苦痛を感じながら過ごしていたのかを、彼女の表情や息遣いから感じ取る必要があった。さらに、老女以外の患者一人ひとりの「あなた」にも向き合わなければならなかった。しかし、私にはそれができていなかった、いや余裕がもてなかったのかもしれない。

私が老女を担当していた時、私がやるべき仕事を滞りなく終えることができたのには、私の忙しそうな、時には余裕のなさそうな様子が老女に伝わり、こちらの都合に合わせた一方的な行為に対して老女が何も言わずに応じてくれたからではないだろうか。私の仕事は老女への看護であったはずだが、実は私の方が老女から援助を受けながら仕事を行っていたのかもしれない。私は援助するものとして老女を包み容れるはずが、逆に彼女の寛大さに包まれていたのだ。私は自分の力によって援助関係が成り立っていると疑うこともなかったが、黙って私を受け入れてくれた彼女に知らないうちに甘えていた自分の未熟さを恥ずかしくさえ感じた。私という看護師は患者の力を得ることによって、看護師として成り立っていたことに改めて気づかされたのである。大拙は、西洋の見方では私は私、あなたはあなたであり、私とあなたはいつまでも別れた状態であるが、東洋の見方では私とあなたはひとつであり、ひとつにな

[5] マルティン・ブーバーは人間の態度には二つあるという。それは「われ - なんじ」と「われ - それ」という関係においての「われ」である。「われ - なんじ」は互いの関係になかに存在し、対象といったものをもたない。「われ」が「なんじ」から分かれ、対象化したところに「われ - それ」が存在する（ブーバー 二〇〇二：七 - 九）。筆者はこの考えを参考に看護師と患者（患者ら）の関係を「わたしとあなた」、「わたしとそれら」と表現した。

ったところに私とあなたがいるという（鈴木 一九九七：一三–一四）。私は看護師である「わたし」に対して老女が「あなた」として存在していると思っていたが、老女の存在があって私が「わたし」として成り立っていたのではないだろうか。

援助関係は一方的な働きかけだけでは成立しないのである。私と老女の関係では看護師として私が老女に働きかける立場であったことは間違いない。しかし、私から老女への一方向ではなく、実は老女から私への働きかけもあったのだと思う。すでに前節で私は、彼女によって自分の奥底にある霊性的な面が揺さぶられたのではないか、と述べたが、ご遺体のそばに、たった一人で訪れたとき、私は無意識ではあるが彼女からおそらく何かを感じ取っていた。そして、その何かとは生きていた彼女の存在そのものであったように思う。老女の死によって、私からの老女への働きかけは停止した。そして他の患者へかかわりながらふと気づいたとき、看護師という自分を支えていたものが無くなったように感じていた。その時、それまで私が感じ取っていた、生きていた彼女の存在が私に働きかけてくれたのかもしれない。それを感じて、私は彼女のもとへ向かったのではないだろうか。

大拙は自然と自分（人間）の関係について次のように述べている。

本当の征服というものは、自然というものと自分と一つにならなくてはいけない。〔…略…〕こちらから加えると思っている力は、その実向うから来たところの力である。[6]

自然と自分の関係をそのまま援助関係に当てはめるのは不適当のように思われるかもしれないが、まったく無関係とはいえないと思う。援助関係は援助する側と受ける側が互いに呼応しながら初めて成り立つのであり、その意味で援助する側にとって援助を受ける側は自分に働きかけてくる存在であり、お互いが共鳴し合うことによって成り立っているといえる。老女との関係も、どちらからの働きかけなのか分けられない、互いに共鳴し合う関係になっていたのかもしれない。そのために彼女の死後、彼女のもとへ足を運んだのだと思う。自分が相手であり、相手が自分となって、こちらが加えた力が向こうの力となってこちらへ返ってくる。どちらであると分けることができないのであって、援助者が援助をしたと思っている力は実は向こうからきた力なのである。援助関係はそんな相互のやり取りの間で成り立つものなのではないだろうか。

老女の最期の場面、私は医師や看護師が慌しく働くなかで「たった一人で」息を引き取っていった老女の姿が思い出せない。本来であれば彼女の命を救うための医療処置であり、その場の中心は彼女のはずであった。しかし、注目していたのは器械や薬品、そして彼女の心臓の動きや呼吸であり、老女という一人の人間ではなかった。老女の死後、一人で遺体に対面しに部屋を訪れ、彼女の傍らに留まり、彼女に触れた。私はそのとき初めて彼女のぬくもりを感じ、出会ってから初めて彼女と真に向き合うことができたように思えた。看護師と患者、いや人間と人間として向き合った瞬間であった。

［6］大拙は、人間が自然を征服したということに対して異論を唱える。仮に征服したというのであればと、前置きしてこのように述べている（鈴木 二〇〇二：七九）。

七　看護再考——新たな看護のあり方に向けて

本章では、看護師としての私自身と老女とのかかわりから、自分が行ってきた看護援助について問い直してきた。その際に、従来の科学、つまり、ものを分けてみる西洋的な見方にはないものとして、分ける以前からみる東洋的な見方からの看護の捉え直しを試み、東洋的な見方の重要性を唱えた鈴木大拙の思想を通して論じてきた。そこから新たな看護の在り方としてみえてきたことがある。

科学としての看護は、西洋的な見方、つまり対象を分析的に捉えて、理論や基準を用いて判断することによって、患者の抱える健康上の問題を解決しようとしてきた。しかし、判断したことは看護師の思考のごく一部を働かせた結果であり、相手の一部を捉えたに過ぎない。もちろん、科学としての看護の重要性は認めなければならないが、人間を相手にする看護には、一人の人として相手を感じることも必要なのだと思う。そのために、看護師は患者をまず対象化しようとするのではなく、ともにあることから始めることが大事なのだと思う。患者は看護師が頭で考えた存在ではない。患者は目の前に生きている存在としてあり、看護師も同様に生きている存在としてあるのである。

また、「看護はこうあるべき」という考えにとらわれていてはいけない。看護師という立場や援助をするものとしての気負いは看護師自身に閉塞感をもたらす。看護師はそれを一旦棄てて、まず一人の人間として患者の前に立つことが必要なのだと思う。そのためには、看護師は、自分自身や看護という営みの内に潜む矛盾を自覚し、自分自身がまず一人の「人間」として生きていることをよく感じておくことが大事なのだと思う。そうすることで自己が開かれ、自己の根底にある何か、つまり「霊性的な面」

で患者の存在を感じることができ、患者と真に向き合えるのではないか。

看護師はまず自分ありきではなく、一旦自分を棄てることからはじめて、再度自分というものが立ちあがってきたところがなくてはならない。大拙はこれを「無心になる」[7]という。人間はその複雑さゆえにそう簡単にわかり合える存在ではない。だからこそ、まず看護師自身のあり方を問うことが重要であり、それが対人援助としての看護そのものを問うことになるのである。「他人の心を知ってどうしようというのか。大切なのは自分の心を知ることだ」（上田・岡村 二〇〇二：二九〇）という大拙の言葉通り、まずそこから始めることが重要であろう。

【文　献】

上田閑照・岡村美穂子［編］（二〇〇二）『鈴木大拙とは誰か』、岩波書店

鈴木大拙（一九七〇）「東洋の心」、『鈴木大拙全集　第二十巻』、岩波書店

鈴木大拙（一九八七）『一禅者の思索』、講談社

鈴木大拙（一九九七）『新編　東洋的な見方』、上田閑照［編］、岩波書店

鈴木大拙（一九九九）『仏教の大意』、法蔵館

［7］無心であるとは「雲無心にして岫を出て、鳥飛ぶに倦んで還ることを知る」（雲が何の意図も持たぬ山の洞穴のようなところから湧いて出る。それから鳥が飛ぶのが嫌になって、森のねぐらに帰ってくるという意味）の句にある「雲無心」の心持ちである。ただし、これは真宗でいう絶対受動性を前提にしているが（鈴木 二〇〇〇：三－六）、筆者は看護にとっても自分自身の看護や相手に対して、一心に向かう気持ちが大切なのであり、これが無心であることだと考えている。

鈴木大拙（二〇〇〇）『無心ということ』、大東出版社
鈴木大拙（二〇〇二）『禅』、工藤澄子［訳］、筑摩書房
ナイチンゲール、F（二〇〇〇）『看護覚書』、湯槇ます［訳］、現代社
ブーバー、M（二〇〇二）『我と汝・対話』、植田重雄［訳］、岩波書店
柳原和子（二〇〇〇）『がん患者学』、晶文社

第九章　リハビリ看護試論
――生の意味を問う

村井みや子

一　はじめに

日本は世界一の長寿国となり、高齢化に伴う慢性疾患や、事故などにより何らかの障害を負い、さらに障害に関連した精神的な苦痛や苦悩を抱えながら生きている人が増加してきている。例えば、脳卒中後遺症[1]に悩みながら生活を送っている人は二〇〇万人（生活習慣病対策室調）ともいわれている。それは今まで日常生活を難なくおくっていた人が、ある日突然、何の準備もないままに発症または事故に遭い、生命の危機を乗り越えたものの、気がついたときには自分の身体が思うように動かなくなっていたということを経験することである。その経験は、彼らに元気であった頃の自分と現在の障害を抱えた自分と

［1］脳卒中は、現在死亡原因第三位。出血性（脳卒中・くも膜下出血）脳卒中と、脳梗塞がある。後遺症には、運動機能障害がある。代表的な障害は左・右半身の上下肢の運動麻痺である。ほかに失行・失認・失語・感覚障害などがある（鈴木二〇一〇：一七二）。

のギャップに注意を向けさせ、やむなく生き方を変えなければならないと思わせるとともに、障害と向き合いながら生きることへと彼らを促す。

鶴見和子は、脳出血で倒れて左片麻痺の障害が残り車椅子生活といわれていたが、リハビリテーション（以後リハビリという）を行うことで歩行可能となった。その歩みについて彼女は、ここから「回生は始まったのです」（多田・鶴見：二〇〇八：三七）と回顧している。

しかし、私がかかわった患者を振り返ってみると、「障害を抱えたことは仕方ない、訓練頑張るだけや」とポジティブに捉える人がいる反面、「なんでこんなになったのかな。何も悪いことしていないのに」、「まさか自分がこんな病気になるとは」とネガティヴに捉える人もおり、障害を抱えたことに対する意味づけは実にさまざまであった。上田敏は、「障害受容は、障害についての価値観の転換であり、心のたちなおり」（上田二〇〇七：一〇）であるというが、リハビリの時期にあっても、患者たちの障害受容（心の立ち直り）の段階は平坦でなく、彼らは否認と肯定を繰り返しながらリハビリを行っていた。

私はリハビリ看護においてこうした患者たちの言葉やその意味づけに接し、彼らが障害を抱えながらどのような経験をしているのだろうか、これから生きていく過程に何を経験していくのだろうか、ということに関心をもち続けてきた。リハビリを目的に入院してきた患者が、障害を抱えながら訓練を行っているときに見せる表情や言葉には、「生」や「死」の根源にかかわるものが多いが、そのような患者を前にして、看護師の側が患者の回復に対する期待に応じられないことも少なくない。そのようなとき、私は無力感を感じ、また患者が発するその言葉の重みに、人間とは、生きるとは何かを考えさせられた。

本章での考察は、私自身の看護実践を振り返り、またそのなかで出会った中途障害者の事例をも通して、我々人間が時に障害を抱えながらも生きることの意味を探ることを目的とする。

二　看護経験から見た医療の変遷

まず初めに、私が看護に携わり人生の節目まで働いてきた時代の医療の現象を、私の経験を加味しながら振り返ってみる。

二・一　病院での看護師経験

私が看護師（二〇〇二年、看護婦から呼称変更）になったのは今から約五〇余年前（一九六六年頃）である。私が看護師として働き始めたころに母（当時四九歳）は亡くなり、私自身が母の年齢を越えたときにはフーと力が抜けていくように感じた。そのころの私は、人間はいつか死を迎えるものと思いながらも、何か見えないものに対して不安を感じていたのかもしれない。そのころはちょうど私たち団塊世代が大都市へと移動し、急速な核家族化が進展していた時代でもあった。

一九七〇年初め私は大病院に移り、脳・心疾患などの手術後病棟に勤務した。そこでは手術後などの看護にかかわっていたが、効なく死を迎える患者もおり、死を前にしての何ともいえない感情がわきあがってきたのを覚えている。死は人間の運命であると思いながらもやはり死を受け入れられない私がいた。救いは何なのかと考えながら、寺社に行くことや自然に身を置くことが、私にとっての癒しの営みとなっていった。

その頃の脳血管障害の医療、とりわけ発症後の対応については、手術の進歩に伴い医療として「リハビリ」という言葉が普及し始めていた。それにもかかわらず、一般病院では治療・看護は疾患を治すことが前提であり、障害が残ったときは、自宅で家族により介護することが主とされていた。脳卒中後のリハビリは全ての病院に浸透してはいなかった。

しかし一九七七年ごろには、脳神経疾患術後にもリハビリ看護が次第に広がっていった。早期離床・早期運動に努めることで患者たちの表情もよくなり、彼らは「生き返った」、「世界が変わった」などと応えていた。看護師たちは、日常の看護実践をとおしてこうした患者の訓練を行い、そのなかで、患者たちとかかわり続けることの重要性や喜びを、その患者たちから学んだともいえる。

一九八〇年代半ばには、訓練を目的としたリハビリテーション病院への転院が始まり、医療も治療から訓練へとつながる流れのなかに位置づけられてきた。

二・二　リハビリ看護に携わって——前期の経験

このような状況のなか、私は一九八九年に某リハビリテーション病院に移動した。リハビリテーション病院とは、救命治療を終えた後、脳血管障害等の疾病や他の身体に障害のある患者が、地域・家庭で自分らしく生き生きと暮らしていけるように、リハビリを実施する総合施設である（リハビリテーション病院『事業概要』）。

前述のように一九七〇年代頃から、医療のなかにリハビリ看護は広まりつつあったが、落合芙美子によれば、「リハビリにおける看護の位置づけや看護の役割についての議論は十分されていなかった」（落合一九八九）。そのことは、リハビリ看護が医療機関の全体にまではいきわたっていなかったことを意味していた。実際、私も入院患者から「こんな病院あったんですね」、「どんなことをするところですか」という声を聞くことがしばしばあった。

私自身、一般病院からリハビリテーション病院に移動した頃は、「援助」の名のもとに、食事の介助や、衣類の着脱、薬の服用などに手を貸すことが身についていた。そのため、リハビリ看護においても当り前のように「援助」してしまい、「手を出しすぎる」と言われることもあった。リハビリ看護においては、生活援助そのものが訓練であり、必要最小限の援助を行ったうえで、あとは見守ることが大事なのだが、看護師の間でも意見の違いがみられ、「リハビリ」の考え方に慣れるまで時間がかかった。リハビリテーション病院に入院している患者は、ＡＤＬ[2]を獲得して自立することが目標であるが、私たち看護師は、そうした指摘や意見の対立、患者へのかかわりを通じて、患者の今できているＡＤＬの状態にどこで手を添えるのかを考え、患者が自分でできる方法を思い出させるようにすること、すなわち見守ることも必要であることを経験していったのである。

患者は、入院してリハビリを始めると、最初にもっていた不安な気持ちが徐々に落ち着いてくるが、時には、新たに将来への不安を訴え始めるときもあり、個人個人の問題も生じてくる。例えば、「家に帰ること」をリハビリの目標として取り組み、それが、退院の段階になると、家族から「こんな状態では連れて帰れません」と、また訓練の終了に対して、病院から「追い出される」と言われることもあっ

［2］ＡＤＬ：日常生活動作（activities of daily living）。食事、更衣、移動、排泄、整容、入浴など生活を営むうえでの基本的行動。

た。こうした発言から、患者および家族がいかに訓練に対して大きな期待をもっていたか、それを精神的なよりどころとしていたのかが垣間見える。患者が障害を抱えることは、本人だけの問題にはとどまらず、家族もまた同様に将来の不安を抱えることになるのである。さらに、一九九七(平成九)年、第三次医療制度[3]の改正から入院期間は徐々に短縮された。障害を抱えながら生きていくためには、医療に頼るだけでなく、日常の生活のなかに訓練を取り入れていくことも重要である。それゆえ、リハビリの時期を区切ることは、日常生活に戻る気持ちの切り替えを進めてくれることでもあるともいえる。

この状況のなかで、訓練の期間短縮にかかわるいろいろな不安を抱えながらも、在宅に帰る患者が多かったことは、まだ家族のつながりがあったことを物語っている。リハビリ看護においても、家族の存在は大きな力である。反面、社会情勢をみると家族形態も大きく変容し、独居生活者が増えてきていた。障害を抱えながらも独居しようとする患者は、社会福祉制度を利用し在宅に向かう。またやむをえず施設などへの転院となるときは、看護師として自宅に帰るための援助が十分できなかったことに無力さを感じることもあった。

リハビリ看護は、治療として理学療法(以下PT)・作業療法(以下OT)・言語療法等が行われ、そこで習得した動作を維持し患者の生活の再構築に日夜かかわることが主たる仕事である。しかし、なかには、PT・OTが訓練であり、入院生活は手伝ってもらうものと思い込んでいる患者もいる。私はそのようなとき、ADL訓練は小さな積み重ねが大切であり、二四時間の生活全てが訓練であることを伝え、患者が自力でできる訓練の方法を取り入れて、ADLのできること・できないことを判断してかかわっていた。衣服のボタンひとつを留めたり外したりすることに時間がかかりながらも、そのADLの獲得に向けた積み重ねが、ケアする者とケアされる者に訓練効果を実感させていた。こうした看護実践を通した患者とのかかわりのなかで、患者の訓練に向き合う姿や会話のなかから、エネルギーをもらうこともしばしばであった。

二・三　リハビリ看護に携わって——後期の経験

私のリハビリ看護の前期一〇年ぐらいは、リハビリの全体を理解することにエネルギーを費やしていた。私が勤務するリハビリテーション病院はチーム医療[4]であり、看護体制は患者担当制であった。患者二-三名の入院から退院までの期間を担当し、入院中のADL評価とケア計画、患者の健康管理および精神的安定に向けてのかかわり、ADLの獲得に向けてのアプローチ、そして、家族や医師、セラピストとの連携などを主となって行う。退院に向けては、リハビリテーション・スタッフと家庭訪問を行い自宅改修や在宅介護・生活の指導、そして、地域スタッフと連携を経て自宅退院へと導く。担当看護師が主となってチームで検討を行いながらこれらを進めていた。私は、患者が家族とともに在宅療養する

[3] 第三次医療制度改正　昭和二三年医療法改正（感染症等の急性期患者が中心の時代）昭和六〇年第一次医療法改正（都道府県医療計画制度の導入）、平成四年第二次医療法改正（特定機能病院および療養型病床群の制度化。在宅医療の推進、広告規制の緩和）、平成九年第三次（診療所への療養型病床群の設置、地域医療支援病院制度の創設、広告事項の拡大）〈http://www.jmcnet.co.jp/dai4ji/5koremade.html〉

[4] リハビリテーションはチーム医療であり、医師、理学療法士、作業療法士、言語聴覚士、看護師、栄養士、医療ソーシャルワーカー、薬剤師、義肢装具士、臨床心理士などが構成員である（上田二〇〇七：二九）。

ことに何の疑念ももたないでいた。それは、家族こそ人間の情愛が育つ場所であると思っていたからである。しかし、大家族制から核家族化、老老介護、少子化、独居者の増加などの社会情勢を考えると、在宅にこだわることができない状況であった。この状況をふまえて二〇〇〇年、在宅介護を支える介護保険制度が施行され、その仕組みが地域社会の見直しをもたらしたともいえる。

私は、医療や社会がこのような状況であった頃、リハビリテーション病院で看護を行っていた。障害を抱えながら生きようとする患者たちにかかわることで、喜んでもらったり感謝されたりすることも多かった。反面、訓練を終える頃に退院を伝えると、訓練への期待の大きさ、そして障害を抱えて生きることの不安からか、患者や家族が「(病院から)出て行けということか」という言葉や、あるいは生活の不安がのしかかるからか、「(病院から)追い出される」といった言葉を看護師に向けてくることがあった。これらの言葉を聞くことは、私にはつらかった。患者にとっては、入院をして訓練できることが希望の光であり、その訓練によって自らの存在や可能性を考えられたのであろう。しかし、いざ退院となると、訓練を離れて生きていかなければならない。健康であった頃の自分でない自分にも直面する。これまで当たり前に過ごしてきた生活、今までの生活と異なる状況を考えると不安がのしかかる。退院によって希望の光が断たれる思いをもった、その裏返しがそうした言葉になったのであろう。本来ならば病院から退院することは望ましいことではあるが、障害を抱えて生きることは、これまで当たり前に生きてきた生活の全面的な見直しを意味する。患者は障害を抱えての生きづらさや、生き直しが避けられないことに直面して不安を感じたのだと考えられる。このようなときは、患者が安心して自宅に帰れるように、私は話を聞き一緒に悩みながら考えていた。

患者の退院先を考えているときの家族から、「施設に入所させるよりは自宅で看てあげなければ」という言葉が発せられることもあるが、介護する者が自分の体調を考えて、「(障害を抱えた者の)介護を続けていけるかなー」などの不安を口にしたりもする。また、自宅介護できないことが決まった際に、「施設に預けていいのかな」という言葉を漏らすこともあった。こうした言葉を聞いて、私は、自宅で介護できない状況に対して家族は罪悪感のような気持ちを吐露しているのだろうと感じていた。反面、患者の方は、家で最後を迎えたいという思いがありながらも、「障害を抱えての在宅では家族に迷惑をかける」と遠慮する気持ちを話してくれたが、実際に在宅生活できるようになると安心した表情をみせることもあった。介護する家族が一緒に生きていこうとする気持ちが、在宅生活を選ばせる。そして、そのことが患者を安心させていたのだと思われる。

私は、リハビリ看護の経験を積み重ねるにつれて、後遺症のある患者の言葉が気がかりになって来た。「あの時(救急治療時)、助けんといてくれたらよかった」、「こんな身体で家に帰っても迷惑かけるだけや」、「元の身体に戻らないと生きててもしょうがない」などである。また、中途障害者となりリハビリを目的に入院してきたある患者は、入院中は訓練に一生懸命取り組み、調子を尋ねても「変わりないです」と答えるのみであった。自分のことを話すことも少なく職場復帰も約束されていたので、障害受容できている患者であると考えられていた。しかし、退院後に届いたのは自死の便りであった。今になっても、この患者はどんな気持ちでリハビリを行っていたのか、障害をどのように受け止めた結果なのか、もっと違う声かけがあったのではないか、という問いが折々浮かび上がってくる。

日々のケアに行きづまったときや、患者の社会復帰にあたって、「本人は家に帰りたい」、しかし、介護の問題から「家に帰らせられない」といったケースに悩んだとき、そして自宅に帰ったが、その後、自死の便りを聞いたとき、私は寺を回って仏像の前に座り祈った。また、野山の自然のなかに身を置くことで大いなる不思議な力に癒され、新たな気持ちになって看護にかかわってきた。あるがままを受け入れていくしかないと感じることで癒されてきたのである。私のなかには、看護観を支えるものとして、より大きな存在に精神の救いを求めようとする気持ちがあり、私はその出会いを求めていたのかもしれない。

本節では、私のリハビリ看護の経験を通時的にたどってみた。次節では、改めてある中年の中途障害者へのかかわりに的を絞り、障害を抱えて生きる意味を考えてみたい。

三　中途障害者の事例を通して生の意味を問う——中年男性の障害から「生」を考える

私がその中年男性と出会ったのは、私自身のリハビリ看護の後期であり、個々の問題が気になり出してきた頃である。彼は脳卒中による右片麻痺という障害をもっていた。日常生活は自立し歩行も可能であり、ＰＴ訓練を目的とした入院であった。発症から生命の危機を乗り越えた後、症状が安定しリハビリができるまで回復しており、右上肢麻痺のみが残されていた。しかし、その時点で患者は、自身が障害をもつことになるとは考えられなかったように思われた。リハビリをすれば障害は残らないだろうと思っていたためか、必死に訓練に向かっていた。しかし、リハビリを行っても動かない手と向き合うとき、障害が残る状態で生きていかなければならない状況や、発症前にはできていた当たり前の動作が思うようにできない自分と直面し、今までの身体でないことを突きつけられた思いだっただろう。

あるとき、患者がベッドサイドで自主訓練を行っていたため、私は励ましのつもりで「歩けるようになって良かったですね」と伝えると、患者は「歩けても、この手が動かないと何もならない」と応じた。私が「手の回復は一番遅いと言われているから。いつも手を意識して少しでも動かすことですね」と伝えると、患者からは「あのとき（発症時の救命治療）死なせておいてくれたら良かった」という言葉が返ってきた。そのときの私には《死》という言葉にうまく応答する準備はなく、また、患者の前で、安易に《死》という言葉を出してはいけないという妙な縛りを自らにかけていた。患者の言葉に対して、死ではなく希望をもってほしいという思いばかりが募り、それをどのように伝えてよいのかわからず、ただ「そんなこと考えないで元気になって。歩くのもしっかりできている、家族の元に早く帰ってあげてください」としか言えなかった。手の不自由さが残っていただけで、看護師からみると生活に支障のない状態であった。今になって思うと、患者は、そんな私の返事など待ってもいないし、聞きたくもなかったであろう。また、何の励ましにもなっていなかったのだと思う。しかしその後も、その患者は、訓練だけは一生懸命に行っていた。

私は患者の言葉が気になっていたので、数日を経て、「訓練しても、もし手の動きが戻らなかったときは?」と尋ねてみた。すると、患者は「私は訓練を頑張る。訓練できるところを回って、何年かかってもやれるところまで頑張る。それでダメだったら諦める。だから今（訓練を）諦めることはできない」と、気持ちを吐露した。現在の訓練を終えてからもなお、長期間の訓練が想定される。ここまで訓練に執着するのは、自らの価値変換が行われていないためか、上田のいう「障害受容」に至っていないともいえるのか。この患者は家長として、父親としての意識が強く、またそれまで順調にきた自営業に対する思いも強かった。そのため、気持ちの切り替えができず、障害を受容するまでには時間が必要であるように感じられた。

この患者は訓練への期待が大きかった。そのため私は、障害が残った場合どうするのだろうと気がかりに思いながらかかわっていた。まだ障害を受け入れられずにいるけれど、早く現状を受け入れると楽になるだろうと思いつつ、患者と話していることもあった。しかし、患者の立場で考えると、「あの時死んでいたら」という気持ちがよぎりながら訓練にこだわっている心中は、「だめなのか、もしかしたら、もっと良くなるのではないか、今訓練をやめてしまうと治るものも治らない、あとで後悔するかもしれない」など、複雑な思いだったのではないか。必死に訓練にこだわっている彼を見ながら、私はそのように感じていた。

障害を受容するきっかけは、患者自身が訓練や生活のなかでみつけていくものであり、時間的経過を要するものである。何年も訓練に期待していることを思うと、彼にはこの時間がいっそう必要なのだろうと思われた。友人や家族との関係のなかで、その患者が支えられていることは見てとれたが、訓練する場に身を置くことが患者にとっては慰めであり、落ち着ける場所だったのではないか。そのことは、決められた訓練の時間を終えても、自主訓練に一生懸命励んでいた姿が何よりも物語っていた。安易な励ましよりも、見守りつつかかわり続けることが大切だと、私は思わされたのである。

この患者は、ＡＤＬは自立しており、機能訓練を主とした入院であった。それゆえ、看護師からみると手のかからない患者であった。看護師は、ＡＤＬ介助の必要な患者に優先的にかかわるため、自立している患者へのかかわりは後回しになることが多く、この患者の気持ちに対して十分に手を差し伸べられていなかった。働き盛りの時期に、障害を抱えたことで人生の敗北感を感じたのか、その敗北感を《死》という言葉に置き換えたのかとも思う。しかし、今生きている以上は、この状況を何とかしなければならない。今できることは訓練であり、それが行えることが救いであり、希望のようにも感じられていたのかもしれない。

「死なせておいてくれたら良かった」という言葉に、正直、私はどのような言葉かけをしてよいかわからなかった。浮かんでくるのは、人は一人で生きているのでなく、取り巻く家族や友人、知人などがおり、死んだらその人たちが哀しむということ。しかし患者にとって、一体何が救いとなるのか。気持ちを少しでも和らげる援助とはどういうものなのか、さらに障害を抱えながらそれでも生きる意味とは何なのか。容易に言葉で応答することなどできない問いであることに、改めて気づかされたのである。

四　リハビリ看護の考察

人間は一生のなかで、いついかなるときに困難に遭遇し、疾患や事故により障害を抱えることになるかわからない。本節では、これまでの考察を踏まえ、改めてリハビリ看護のいくつかの側面に光を当て、障害を抱えながらも生きることを支えるリハビリ看護の意味をも考えてみたい。

四・一　身体への関心

脳血管障害によって中途障害を抱えた患者には、リハビリを始めた頃と、訓練が進んでからとでは表情に変化が見られる。リハビリが一～二ヶ月経過をした頃になると、多くの患者の顔に生き生きした表情の変化が現われてくる。そのことを患者に伝えると、ある患者は「今まで何が何だかわからなかった。訓練して歩けるようになり、自分でいろいろなことができるようになって、やっと周囲の状況が見えるようになった。自分のことをすることで精一杯だった。他者が何をしようがかまっていられなかった」と振り返っていた。

この言葉を聞いて、私は、患者が混沌とした状況から人間性を取り戻し、生きなおしをしている重大なときにかかわれていることに感動を覚えた。患者の内面に変化が起こり、《生》への欲求が甦ってきたのだ。多くの患者は、リハビリの効果が現われ、力がついてきていることが感じられると、今まで自分のことだけで精一杯であったのに、周囲への気配りを見せるようになってくる。「何が何だかわからなかった」ということは、自分であって本当の自分でない状況を経験していたのだろう。患者は自分の表情や身体の変化を看護師から指摘されて、徐々に自分の姿が改善されてきていることに気づき、今までにない生を実感していく。それは、ＡＤＬの獲得や多くの人びととのかかわりによってもたらされた結果であり、自らの新たな存在が自覚できたことで、生きる力が甦り、生きなおすことにもつながった。こうして患者は人間としての精神を取り戻したのだと思われる。

障害を抱えた患者が、回復とともに自らを取り戻し、周囲の状況がみえるようになってくることは、障害をもった身体が新たに周囲とのかかわり方を習慣化し始めていること、現在の新たな身体で世界に働きかけながら感覚を取り戻しつつあることを意味している。メルロ=ポンティは、「身体をもつとは〔…略…〕一定環境に適合し、幾つかの企てと一体となり、そこに絶えず自己を参加させていくこと」（メルロ=ポンティ 一九八〇：一四七-一四八）であり、「私は自分の身体を手段として世界を意識する」（メルロ=ポンティ 一九八〇：一四八）のだと述べている。患者は身体を自由に駆使できないことを自覚しながらも、看護師や訓練士とのかかわりのなかで、彼らに身を預けながらできるADLを増やしていく。看護師や訓練士は必要な援助を行いながらそれを見守る。こうして、患者は、身体を通して世界内に存在し生活していくこと、障害をもった身体を生活のなかに位置づけ、他者との関係のなかで自ら生活の仕方をつくり変えていく。身体に障害をもちながらも、さまざまな出会いのなかでこの世界に生きる力が生み出され、新たな出発点になるのである。

脳卒中後の後遺症に対して、必死にボタンを留める努力をしている患者の姿、できないと思っていたことが非利き手でADLを獲得し自信になっている姿、さらに患者のさまざまな生き生きした表情に接することで、看護師の方も、かかわり続けること、諦めないこと、そして、そうした日々の積み重ねが重要なのだと捉え直す。それは、ケアする者の喜びであり、希望でもあるが、まさにそのことが、看護師をさらなるケアへと促し、患者へのかかわりに力を与えてくれるともいえる。

メルロ=ポンティに倣っていえば、リハビリやそれを支えている者たちとのかかわりによって、すでに世界への参加は始まっている。またその参加しようとする身体の志向性が、それを可能にしているのである。

四・二　家族の生きなおし

患者がリハビリへ向かう源は、看護師の力だけでなく家族の存在も大きいといえる。家族も患者とともにリハビリに参加してその方法を学び、余暇の時間は、患者とリハビリのおさらいなどをしながら過ごして患者と障害を共有し、その障害を受け入れようとする。患者は健常であった頃の自分と比べつつ障害者となった自分を受け入れ、家族は障害者を家族の一員として迎え入れ、仕事においても家族においても役割の交換が行われたりする。こうして患者は、家族とともに人生を生きなおしていかなければならない。それは患者にとって、一生のなかでの大きな分岐点といえる。だがそのとき、家族の存在そのものが、リハビリや在宅生活に向けて取り組むべきことに対して、大きな支えとなるのである。

家族には、時に不安やあせり・ストレスなどが湧いてくるが、その際、ケアに参加する家族と協働関係を築きながら患者にかかわるのが、看護師の役割である。家族へのねぎらいを看護師が伝えることは、家族の励みとなるだろう。岩崎も、「家族の言動の背後にある気持ちを汲み取ってほしい」（岩崎　二〇〇二：二二一-二二二）と述べている。

障害をもつまで仕事一筋できたある患者の家族は、「今はお休みをくれたんでしょう」と言って、障害を捉え直そうとしていた。また、「今、訓練に一緒に向かうことで、お互い生きていると感じられるし、二人の時間を取り戻すこともできた」と言った妻もいた。このように患者の障害を捉え直した家族によって、自分が支えられていることを実感できることが、患者にとっては、訓練へ向かう励みとなり、また生きる励みにもなっていた。そのことは日々看護のかかわりにおいて、私にも確かに感じられた。

障害者を家族の一員として受け入れることは、家族も生きなおすことを受け入れたことであるが、ときに、お互いのうちに葛藤が生まれてくることもありうる。経済的な問題だけでなく、家族の役割が変化することもあり、それが長期間となれば、介護疲れが問題となってくる。家族から「こんな状態では家に連れて帰れません」と言われることもあったが、そんなとき、私は、家族って何だろうと悩みながらも、家族が本来もつはずの強い情愛によって何とか解決できないものかと考えた。そう考えるのが当時のリハビリテーション・スタッフの共通認識であり、それをもとに、在宅に向けての仕事に取り組んでいた。そもそも、人間はお互いに支えあって生きていくものだと考えるからである。しかし、核家族化や、独居生活者の増加、多様な生活スタイルの現代社会では、在宅に向けて家族との関係がスムーズにいかないこともあり、今後は、個々の理由などをそのつど考えて取り組まなければならないだろう。

四・三　他者との関係

入院中、患者自身に気持ちの余裕が出てくると、他者のことを気遣えるようになってくる。訓練後のひととき、お茶を飲みながらお互いを慰めあう。自らの苦しみが他者への優しさや思いやりとなり、それが看護師にも気づきを与えてくれる。どんな境遇にあっても、人間には慈悲（中村二〇〇五b：一九七）の心が具わっていることを感じるのだ。中村は、慈悲は、《温かな心》であり、我々のこころに光明をともしてくれるものという（中村二〇〇五a：一四）。患者たちは、他者との出会いもまた生きる力としていた。ベッド上で生活をしていると、みえる世界は限られているが、車椅子生活ができるようになると、他者とのかかわりや行動範囲、思考に広がりがみられるようになる。障害を抱えることで、「なぜ私がこんなになったのか」、「何も悪いことしていないのに」と考えていたのだが、同じように車椅子生活を送っている人との出会いによって、自分だけでない状況を知ることになる。また、障害者の活躍が患者に対して生きることへの発信力になっていることもある。人と人のつながりが、患者を前向きにさせ、新たな生きがいを見出させ、生き方の幅を広げていくことを促すともいえる。こうした身近な人とのかかわりが、社会とのつながりへと広がり、障害を抱えた新たな人生を生きなおす原動力にもなる。それぞれの患者は、他者や社会とのつながりのなかで、今までの自分と違う自分とどう向き合うかにより、新たな重層的なストーリーをつくることにもなる。それが、人生の深みをつくっていくのだろう。

いかなる状況にあっても、人は人から学び、教えられることで、他者との関係を成り立たせているといえる。家族との関係、そして患者同士、患者と看護師など、お互いの関係のなかで支え合っているといえる。

しかし、うまくいくときばかりではない。患者のなかには、リハビリをしても元の身体に戻らないことに、不安や無念さ、さらには自らに罪悪感を含んだ言葉を発する人もいる。そのような患者にはどのように接したらよいのだろうか。

四・四　生きることに寄り添うこと、そして生ある限り生きること

第三節で述べた事例を思い出してみたい。歩けるけれど右手が動かない患者から「助けんといてくれたらよかった」という心情を聞かされたとき、私はどのように応えてよいのか戸惑ってしまった。《歩けるからいいのでは》というようなことは障害がない者だから言えることであり、その患者にしてみれば《歩けて手も動くこと》こそ回復であり、そこに生きる意味もあるのだろう。

ケアされる者とケアする者との間にはもともと隔たりがある。それを乗り越えるためには、今生きているなかで何をなすべきか、何が必要なのかを、日々の生活のなかでお互いが考えていかなければならないのだろう。事例の中年男性とのかかわりにおいて、私は「手が動かない時は？」と言葉をかけたが、それに対して患者は「訓練をやれるところまで頑張る。それでダメだったら諦める。だから今（訓練を）諦めることはできない」ときっぱりと語った。その言葉から、私は、訓練に対する患者の期待や患者の《生》を感じることができた。しかし、もしかしたら患者のほうは、看護師から障害を問われることで、自分の気持ちを整理すること、自分の《生》を問い直すことに、そしてまた自らの生の営みに期待し、目標をもつことにつながったかもしれない。ケアする者のほうも、ケアされる者の内面を知ることで、相手のもつ苦悩に近づくが、そのことによって、自らの《生》も照らされて、さらに患者にかかわり続けることになる。「ケアは相手の成長を助けることである」（メイヤロフ：二〇〇九：七〇）とメイヤロフはいうが、相手をケアすることによって、自分の成長も促されるのである。

看護学の領域では、しばしば、かかわり続けること、相手の立場に立つことが大切だといわれるが、相手の立場に立つことを教えてくれるのは、実は患者自身である。患者が看護に応えてくれることで、看護師は手応えを感じ、ケアする気持ちが育まれるのである。

患者と看護師との間のこうした相互作用が成り立つためには、日常生活のなかで行われているコミュニケーションが大切だが、経験の分かち合いや情報の交換は、基本的には、言葉によるコミュニケーション能力によるとしても、患者からこの能力が失われても、十分に可能である。西村ユミがインタビューをした植物状態患者をケアするA看護師も、意識の徴候のみられない患者と「視線があっている感じ」

（西村 二〇〇八：八〇）といっているように、言葉以外でもコミュニケーションは可能であり、その関係に集中するということが求められる。何らかの方法でコミュニケーションが取れると、ケアの手ごたえを感じることができ、それが患者とかかわり続ける原動力につながるのである。

ケアする者として、障害を抱えながら生きている人に関心をもち続けることや、患者に寄り添って一緒に考え、その可能性を信じ、患者の生きるリズムを大事にできるように援助していくことが大切である。林は、「人が本当に生きているといえるのは、対人援助関係に入っている時である。人を助けることはむつかしい。本当に人を助けることなどできるのかと思いたくなるほどむつかしい。もしかしたら、人を本当に助けることなどできないかもしれない。いや、できないと断定したほうがよいのかもしれない。しかし、それでもやはり、対人援助関係は人に存在の充実、生の充実を与える」（林 二〇〇七：五一）のだという。これこそ、ケアの本質を物語っていると私は思う。

しかし、それにしても、看護という対人援助のなかで、障害を抱えて生きる人とどのようにかかわることができるだろうか。障害を抱え訓練をしている患者の、「あのとき死んでいたほうが良かった」、「こんな使えん手（足）だったら、この手（足）切ってしまった方が……」といった言葉は、看護が科学的・医学的な知識だけでは患者に十分に応じられないことを示している。第三節で述べた中年男性患者の、「あの時、助けんといてくれたらよかった」という言葉を聞いたときも、私は、彼の深層にあるスピリチュアルな何かがそこに表現されていることを確かに感じていた。しかしそのときは、どのように応えてよいのか、わからなかった。応えるすべを持ち合わせていなかったのである。

五　おわりに

苦しみは、執着を縁として生起するという言葉がある（中村 二〇〇五b：五七）。今から思えば、障害のある部分にばかり意識を向けるのでなく、残された身体機能でできることを考え、障害とともに生きようとすることで新たな生を生きることにつながるのではないか。

私は時にくじけそうになると、「これも試練であり、できることとできないことがある、今のあるがままに受け入れていくしかない」と思うことで自らをなだめようと努めてきたし、今為すべきことを優先しその務めに専念することによって、何とか乗りきったこともあった。障害を抱えても頑張って訓練している患者の姿が、改めて私自身のこのような生き方を問い直すことにもつながったのである。

これまでの看護の経験のなかで、生老病死に出会い《人間はいかに生きるべきか》を学んだように思える。死者を送る場面で人びとは、青年に対しては「まだこれからと言う時に」と惜しみの言葉をかけ、若くして放蕩にくれていた人の家族は「好きなことをしてあの世に逝ったから」と納得しようとしていた。自死した人には「こんなに死に急ぎしなくても」と悔しさをにじませ、親の期待が大きい子どもには「こんな優しい子が早く逝って」と嘆きのことばを、病気療養の長かった人の家族には「これで辛いことからやっと開放される」と弔いの言葉を、高齢者に対しては、身近な者は「大往生です」と声掛け合い、哀しみのなかにもお互いの関係から生まれる言葉かけをしながら、悲嘆のなかで各々の気持ちに照らし合わせて死者を見送っていた。今から三〇数年も前、まだ終末期医療などという言葉もなかった時代である。

しかし年を経るにしたがい、いろいろな死を見送っている間に、死は苦しみから解かれることだという気持ちが、寂しさのなかでも次第に強くなってきているのも事実だ。寺社に行き仏像の前に座りただ無心に祈る。人は苦のなかで生きている。だから死にたいという思いが出てくる。その思いは今までの生の色を失わせ、現実から未来への希望という立体感を失わせる。どうしようかと、もがき、苦しみ、あがく。しかし「これはもう一度自分を取り戻すためのプロセスであるのかもしれない」と思い至る。今までの生の質をいったん失うことで人はまた新たな「生」を実感できるのではないか、と今改めて感じている。

【付　記】

私自身の経験を記述するにあたって、起こりうる倫理的な問題については、立命館大学衣笠キャンパス「人を対象とする研究倫理審査委員会」にて審査を受け、承認されている。

【文　献】

岩﨑弥生（二〇〇二）「家族の変化に寄り添う援助を」『看護』臨時増刊号、五四（七）、二一八-二二一

上田　敏［編］（二〇〇七）『リハビリテーション理論と実際』、ミネルヴァ書房

落合芙美子（一九八九）『日本リハビリテーション看護研究会設立に当たって』

多田富雄・鶴見和子（二〇〇八）『邂逅』、藤原書店

鈴木倫保［編］（二〇一〇）『脳卒中看護の知識と実際』、メディカ出版

中村　元（二〇〇五ａ）『温かなこころ』、春秋社

中村　元（二〇〇五b）『生きる道の倫理』、春秋社
西村ユミ（二〇〇一）『語りかける身体』、ゆみる出版
林　信弘（二〇〇七）『意識の人間学』、人文書院
メイヤロフ、M（二〇〇九）『ケアの本質』、田村　真・向野宣之［訳］、ゆみる出版
メルロ＝ポンティ、M（一九六七）『知覚の現象学Ⅰ』、竹内芳郎・小木貞孝［訳］、みすず書房

第十章　看護実践の構造
――フッサールの志向性概念との対話

西村ユミ・榊原哲也

一　はじめに

本章は、看護実践の構造とフッサールの志向性概念とを往復して生まれた論考である。

そもそも本章は、具体的な語りをもとにして看護実践の構造（成り立ち方）を記述した第二節の西村の論文と、フッサールの意志と行為の現象学における志向性概念とケアとの関係を検討した第三節の榊原の論文とが、相互に関連しているように思われたことから、両論文を対話させることによって、一方で看護実践の構造をより詳細に浮かび上がらせることができ、他方で、フッサールの志向性概念に新たな可能性を見出すことができるのではないか、と考えて取り組まれた。両者を比較検討するのではなく、「対話」というスタイルをとったことには理由がある。現象学は、事象そのものへ立ち返り、事象そのものの方からその構造を記述することを要請する哲学である。両論文はともにこのテーゼを求めて、あるいは、これに支えられて進められたものである。しかし、この両者が同じ哲学的基盤に立っているからといって、二つの論文を並べて比較検討することは、両者のいずれからも距離をもつこと、つまり、両者の外側から類似点や相違点を見出したり評価したりすることになり、事象の成り立ちを記述することから遠ざかってしまう。それゆえ本章では、看護実践の記述とフッサールの志向性概念の記述や議論のなかに留まり、そこから事象を浮かび上がらせることに徹するために、「対話」というスタイルで臨んだ。

具体的には、次のように進められた。第二節では、経験を積んだ看護師たちのグループ・インタビューによる語りの分析から、看護実践の構造を記述した。第三節では、この看護実践の構造に、フッサールの志向性概念の観点から光を当てるべく、彼の「意志」と「行為」の志向性に関する現象学的分析を概観した。第四節はこれをもとに、第二節の看護実践の分析を再記述し、志向性概念を手がかりとしたケアの記述の可能性と残された課題を確認した。第五節では、第四節での議論、および課題をもとに、再度事象の分析を試み、第六節では、第五節の分析にさらにフッサール志向性概念の観点から若干の応答を試みるとともに、本章で行ったことを振り返った。こうした実践と志向性概念との対話を通して、いかに実践の構造が更新し、看護実践という事象そのものの方からの現象学が新たに立ち上がるのか、その一つの具体的可能性を示すことができれば、と願っている。

（西村ユミ）

二　困ったけど困ってしまわない看護実践[1]

看護師たちは、二四時間にわたって入院患者のいのちを預かっているために、複数人で交代をしながら時間を途切れさせることなくケアを行っている。しかし、その実践はつねに進行しており、またそのつどはっきり意識されていないために、言語化が難しいとされている。自覚することの難しさは、看護師たちが自らの手元ではなく、患者の側に関心を向け続けているためでもあるだろう。このような特徴をもつ看護実践を、ある程度まとまった形で言語化するために、経験を積んだ看護師たちに、自身の実践について語り合ってもらうグループ・インタビュー[2]を試みた。グループ・インタビューによって、看護師たちの関心を患者から自らの方へと向け返し、さらに、自分の実践を反省的に捉え直すだけでは気づけない次元の経験を他者との対話を通して浮かび上がらせることができるのではないか、と考えたためだ。本節では、約二年にわたって四回行ったグループ・インタビューの語りの一部を取り上げる。

加えて、本節では言語化し難い看護実践が浮かび上がる方法を、グループ・インタビューの語りのなかにも求めている。それは、本節で主題的に論じる看護師たちの「困った」経験である。すでに習慣化されている実践であっても、それがうまくできなかったり、予定外のことやその実践が中断されたりするような事態が起こったときに、私たちは自らの実践に眼差しを向け返す。その意味において、実践家たちが語る「困った」経験には、実践の仕方を言語化させる可能性があると考えた。他方で、経験を積んだ看護師たちは、「困った」と思った出来事に働きかけ、「困ってしまわない」ようにもする。このグループ・インタビューでは、「困ったけど困ってしまわない」出来事に、複数人の参加者が関与しており、それを振り返って語ってくれた。本節は、それがいかに実現したのかを、語りの分析を通して記述することから始めたい。

二・一　「困った」経験に触発されて

まずその入り口の議論をみてみよう。ここで紹介する出来事は、三回目のグループ・インタビューの後半に、実践の仕方の複雑さについて語り合っていたその流れで、複雑さゆえに困ってしまったことや、うまく仕事が回らなくなった経験はないか、と私が尋ねたことへの応答として語り出された。この問いかけにCさんは、「新卒のときはいつもそうだったね」と笑いながら応じ、Bさんは「困ったねって、カンファレンスにかける」のだと言う。それに続いてDさんは、「困った」ときの自分の感覚を探りながら、次のように語り始めた。

D　例えば、どんなに仕事が忙しくなってきても〔…略…〕、〔困ったと〕思うときは、あ、これは追いついてないぞ（笑）。だんだん手に負えなくなってきてるぞ。そのときは困ったなと思うけど、だけどそれは本当に困ってないというか、何ていうかな、追いついてないぞ、回ってないぞ、回ってない。自分で全然回ってない。今日はないぞみたいな、回せてないんだけど、回せてない自分はコントロールできてるから、それはたぶん、今先生がおっしゃっているような困っているとはちょっと違うと思うんですよね。

私　自分で自分をコントロールしている感じかな。

［1］第二節は、『看護実践の語り』（西村、二〇一六）の第三章を、本書に合わせて編集して再掲した。
［2］このグループ・インタビューは、「看護の実践知を記述的に探究すること」を目的として、経験を積んだ六名の看護師（A、B、C、D、E、Fさん）と一名のファシリテータ（筆者）によって行われた。

D　たぶん新卒さんとかはそこまでコントロールができないからパニックになっちゃうんだと思うんだけど、そこら辺はやっぱりちょっと違う。例えば、患者さんがすごいケアになって、重症なものだから手に余るとか、そういうのも。
私　（沈黙）そんなに悩んだり、立ち止まったりするということは、日常的にはそんなにはないのかあ。
B　困るっていうのは、どういう種類の困るなのかわかんない。困ることは多々ある、仕事しながら。なんですけど、そのどれを困ったとして挙げるのか。
私　その乗っている感じがストップしちゃうような。
E　予定外のことが起きたとき。
B　それは困っちゃうね（笑）。（グループ・インタビュー三回目、インタビューデータ一七一八頁）

Dさんは「仕事が忙しくなって」きて、「追いついてない」、「回せてない」、「手に負えなくなってきてる」、「患者さんがすごいケアになって、重症なものだから手に余る」ときなどに、「困ったなと思う」と言う。しかし、「けど、だけど」、「けど」と言葉を挟み、続けて「それは本当に困ってない」、その「回せてない自分はコントロールできてる」ために、私が問うた、仕事の複雑さゆえにうまく仕事が回らずに「困った」こととは少し違うのだと言う。このDさんの語りは、「困った」と思ったことを語りつつ想起することを通して、その経験が単なる困った状態とは別の、ある種の実践の仕方であることを示している。そしてそれは、「新卒さん」が自分を「コントロールができない」ためにパニックになる状態とは、少し違った実践でもある。

もちろん、Bさんが「どういう種類の困るなのか」、「困ることは多々ある」と語っているとおり、経験を積んだ看護師たちも「困る」ことはたくさん経験している。しかしここでは、何に困るのか、あるいはその困ったことにどのように対処しているのか、という視点から論じるのではなく、うまく仕事が回せずに困ったと思うことが、同時に「本当に困ってない」、「困っているとは少し違う」こととしていかに成り立っているのかをみていきたい。その経験の語りが、彼らの実践の仕方の一側面を表わしていると考えたためだ。

二・二　困ったと思うけど何とかなる

仕事が回せずに困ることとして、看護師たちは「予定外のこと」や「予期していないこと」を挙げているが、その出来事は、単に困ったこととして経験されているわけではないようだ。彼らの、困ったことを困っていない、言い換えると「回せてない自分はコントロールできてる」感覚について、Bさんたちが経験した困った出来事を手がかりに、経験の成り立ちをみてみよう。

B　このあいだの患者さんも困ったよね、四人で押さえるときもね。あれも困ったなんだけど、どうなのかな。要するに、麻薬で痛みを抑える点滴をやっていて、朦朧としている人なんだけど、そんなに力が残っていたのかっていう感じ。わっと動き始めて。押さえたんだけど、これがまたすごい力で。でも、四人しかいないから、わーっと全員が押しているけど、どうするの、これは転ばすわけにはいかないぞみたいな。そういう困ったはあるけど、でも、今言ったみたいに、コントロールができてないわけではないから。

D　もう絶対転ばせないみたいなことはあったけど。（三回目、一八頁）

Bさんが想起したのは、Dさんとも一緒にかかわった患者さんの「困った」出来事である。しかし、「あれも困ったなんだけど、どうなのかな」と語られていることから、必ずしも「困った」とは言い切れない経験であることが先取りして示されている。

ここで紹介されたのは、疼痛コントロールのために点滴をしていた患者が、麻薬のために朦朧としているにもかかわらず「わっと動き始め」、それを四人の夜勤看護師全員で押さえたという出来事である。「そんなに力が残っていたのか」と驚きが語られていることからも、これは「予定外の」、「予期していないこと」であり、夜勤全員で対応をしなければならないことであった。それゆえ、困った状況であったといえるが、「コントロールができてないわけではない」とも語られた。

ここで注目したいのは、「コントロールができてないわけではない」その在り方である。このとき行われたのは、わっと動き始めた患者を四人全員で押えた、という実践である。「わっと動き始めて。押さえた」、「四人しかいないから、わーっと全員が押している」という語りから、患者がわっと動いたときに、どう対応しようかと考えたり、看護師同士で相談したりしてその行為が決められたのではなく、四人ともが動いた患者に否応なく応答して押していたことがわかる。つまり、患者の状態の判断や、自分たちがすべきことを考えること（思考）が挟み込まれずに、患者の状態に直接的に応答したこととしてその行為は語られている。[3] そして、同時にそれは、その場にいた四人全員で行った協働実践でもあった。別の箇所でCさんが、「何かわかるときには、もう何かやっているんだ、次のことを」と語っているとおり、看護師たちは「絶対転ばせない」、「これは転ばすわけにはいかない」状況にあることがわかる、そのときにはもう患者を押さえていたのである。あるいは、患者の状態への直接的な応答としての押さえる行為が、「転ばすわけにはいかない」という彼らの判断を成り立たせていたともいえる。つまり、思考から行為という流れで応答が成り立っているのではなく、その応答という行為そのもののうちで、ある種の思考が働いているのだ。[4] このように、「絶対転ばせない」という判断にはすでに自らの行為が含まれているのである。言い換えると、患者の状態に応じて押さえるという行為が、その場の判断をも成り立たせており、この構造が、「自分はコントロールできている」という感覚をつくり出す土台となっていた。

さらに彼らは、次のように続けて語った。

B　それは、だから困ったじゃないのかな。
D　だって、どこかで絶対収束するって思わなかった？　あのとき。
B　うん。何とかなるって。
D　何とかなると思ったよね。

[3] メルロ=ポンティも述べているとおり、「彼の身体をつうじて、対象が直接的に彼の運動を規制するのである」（メルロ=ポンティ　一九六七：二二三）。
[4] 「私の身体の運動経験は〔…略…〕、われわれに〈行動的＝認識〉という、世界ならびに対象への一接近方法を提供するのであって〔…略…〕」（メルロ=ポンティ　一九六七：二三七）。

B　困ったぞと思いながら、何とかなると思ったから。
私　何とかなるっていう感覚は、私もよくわかるんですけれども、その何とかなるというのもある力だと思ってます。現場のナースの。
B　ただ点滴が抜けたって、もう抜けたので、しょうがない、入れ直せばいい。とりあえず、この人が転ばなきゃいい、それが大事って。
私　何が大丈夫かっていうところが先にわかって、そこが押さえさえできれば、何とかコントロールできるというふうになるのかね。
B　何が問題で、何を優先しなくちゃいけないかっていうことがわかんないと、新卒じゃないけど、予測ができない、コントロールできなくて困っちゃう（笑）。（三回目、一八－一九）

Bさんが「だから困ったじゃないのかな」と、患者がわっと動きはじめたこの出来事と「困った」とを照合するが、それを受けてDさんは「どこかで絶対収束するって思わなかった？　あのとき」と言い、単に困っていたわけではないことを確認する。それを受けた「何とかなるって」、「困ったぞと思いながら、何とかなると思ったから」というBさんの語りから、この夜勤でともに患者に応答していたBさんとDさんは、これを困ったことと経験しながらも、そのとき同時に「何とかなる」感覚をもっていたことをグループ・インタビューの場で確かめ合っていた。これらの語りから、患者の状態への直接的な応答としての押さえるという行為は、単に状況に否応なく応じて転ばせないよう（判断）くい止めただけではなく、「何とかなる」という結末（未来）を内包した行為でもある。[5]それをBさんは、「予測」と語る。

先に述べた、「とりあえず」、「この人が転ばなきゃいい」というそのとき（現在）をつくる判断は、その行為の先取り（未来）を内包しているがゆえに成り立っていたといえるだろう。それゆえBさんは、いずれ収束するという「予測」を「コントロール」と言い換えてもいるのだ。

他方で、その予測される未来は、単に、これから起こりうることを意味しているだけではない。その未来は、患者の状態に応じた「絶対に転ばせない」、「押さえる」という行為がつくり出すのである。つまり、今の自らの行為が、未来の結末を導くことを先取りして把握しているのである。判断を含んだ直接経験としての行為は、未来の先取りとともに成り立ち、同時に、その行為が未来をつくり出すという円環構造が、看護師たちの実践を形作る。そこに、「自分はコントロールできている」という感覚が生起していたのである。

さらに確認したいのは、これらの実践が、「新卒のときはいつもそうだった」、「新卒じゃないけど」というように、新卒の頃の実践と対比して語られている点である。これらの語りは、経験を積んだ看護師たちと新卒の困った状態とが、別の在り方をしていることを示すものである。では次に、その新卒の頃の実践がいかに語られたのかをみてみよう。

［5］医師の思考過程を探求したグループマンも「異なる分野に従事する医師が驚くほど似た方法で能力を身につけることがある。彼らは主に、失敗や判断の間違いを認めて記憶に留め、その記憶を思考に組み込むのである。研究によると、その能力を獲得する鍵は、実践の持続だけではなく、自分の技術的なエラーや見当違いな判断を正確に理解するためのフィードバックにある」という（グループマン 二〇一一：二六）。

二・三　新卒の反省的実践——こういうときはこう

経験を積んだ看護師たちは、自身の経験や実践の語りにおいて、幾度も「新卒」のそれと対比させていた。皆が新卒を経験しており、また、毎年入ってくる新卒の支援をしているためであろう。こうした言葉はCさんに、自らが新卒だった頃の「何したらいいかわかんなく」なった経験を想起させた。

C　夜勤で見回ってたら息してなかったことが何度かあったんですけど、最初に見たときは、本当に慌てちゃって、「あ、ああ」ってなって。で、息してないと思って、患者さんを放っぽってナースステーションに戻っちゃったんですよ。で、何したらいいかわかんなくて、慌て者なので、私は、あたふたしてしまって、そのときはどうしようもなかった。けれど一回それを経験した後に、あ、あのとき戻ってはいけなかったんだなとか、自分なりに反省をしたわけですね。ああ、こういうときには、まずナースコールをして、血圧計を持ってとか、自分なりにこうすればよかったんだっていうのを頭の中でもう一回整理をするということをしたところ、二回目以降は、こういうときにはこうだってちゃんと動けていたので、何か一回あったことを、たぶん自分の中で一回整理をするという作業を、私はいつもしていると思う。
私　それも慣れることとかかな。
C　でも、そんな意識してしているとかいうわけでもないんだけど、……あそこがまずかったんだな。今度やったらそうしないようにしようって思って、それでそのときは、もうそれでもうよしにして、たぶんもう忘れちゃうんだろうと思うんだけど、次にあったときには、ああ、そうだよなと思って、そうやって動くとうまくいったりすることがあります。（三回目、一九頁）

Cさんが語ったのは、新卒の頃に夜勤で見回りをしていて、患者が息をしていないのを発見したときの自らの対応である。それを初めて見たときのことが、「本当に慌てちゃって」、「「あ、ああ」ってなった」、「息してないって思って」と語られているとおり、Cさんは、患者の呼吸停止そのものに慌てて驚くという応答をしたという。驚きも、「患者さんを放っぽって」ナースステーションに戻ってきてしまったその行為も、患者の状態への直接的な応答であるが、それは今のCさんによって、「何をしていいかわかんな」かったための行為として意味づけられた。

これらの語りより、新人の頃のCさんの、患者の状態への応答は、息をしていないことそのものへの応答であり、そのときの「あ、ああ」という驚きや「あたふた」という行為には、先取りされた未来との関係、つまりある状態になることへの期待（予測）等々は内包されていなかったようだ。同時に、先取りできない状況では、今、すべきことを定めることができず、「自分はコントロールできてる」という感覚は経験されていなかったと思われる。

さらにここで注目したいのは、Cさんが初めてのためにわからなかったこと、できなかったことを、自分なりに「どうすればよかった」のかと、すべきであったができなかった「行為」を反芻している点である。次に同じような状況に遭遇したときに行う「行為」を、今できなかったことを振り返って整理することで、次に動くことができるようになる。[6] しかし、ここで「たぶん自分の中で一回整理をするという作業を、私はいつもしていると思う」、「そんな意識しているとかいうわけでもない」と語られてい

［6］行為における未来の先取りについては、メルロ＝ポンティ（一九七四）の「時間性」についての記述を参照。

るとおり、Cさんにとってこうした整理は、「いつも」行っている「たぶん」としか言えない自明なことであり、またこの作業は「忘れ」られてしまってもいる[7]。

こうした「たぶん」としか言えない、そのつど繰り返し問い直される自分の行為をBさんも、「予測をしない、今まで経験したことがないことが起こると、自分がコントロールできなくて困っちゃう」と語るが、「その後に、やっぱり思い返して」、「あのときに、ああいうふうにして、こういうふうにすれば」と考えてきたと振り返る。そしてこれは一旦「忘れ」られるが、「同じようなことが起こると、その修練で何回かやっているとでてくるのかな」と、自分の経験に置き換えてCさんの語りの確かさを保証する。

「何回かやっていると出てくる」。ここでBさんは、ある実践がその場に応じて「出てくる」ことをさりげなく語るが、その「出てくる」は、相手の状態への直接的な応答のことをいっているのではなく、こうした状況への直接的な応答とそのつどその場で求められることとの差異を経験して、それを望まれた実践へと編み直そうとする振り返り、つまり過去の事態にいかに応答しえたかを反芻する作業を通して実現する「出てくる」なのである。この未来を内包した応答も、過去を内包した「出てくる」実践において実現するといっていいだろう。その意味では、経験を積んだ看護師の「経験」とは、反芻によって生まれたこの時間の厚みに他ならない。彼女たちのそのつどの看護実践にはこうした時間の厚みが内包されているのである。自らの看護実践を振り返るとき、自分が新人看護師であった頃の経験がともに想起されるのは、そのためであろう。

前述してきたとおり、患者の状態への直接的な応答が「自分はコントロールできてる」状態の基盤になっていた。それゆえ、経験を積んだ看護師の「何回かやっていると出てくる」実践は、Bさんが語った「同じようなこと」への応答という実践の経験を一方で含みもちつつ、同時に、そのつどの状態への直接的な応答という実践に支えられてもいた。こうした構造が、そのつどの状況への応答としてある看護を、ある方向性をもった行為へと収斂させていると考えられる。

二・四　見通しが実践を決める

複数人で交代をしながら働く看護師たちは、勤務の交代時に前の勤務者の目標（志向性）を引き継いでいくが、その際、少し先の未来に期待されていること（目標）、つまりその患者に期待される、少し先の状態にも関心を向けている。この目標をめがけ、治療や援助が組み立てられているのだ。それゆえ、協働する他者がいかなる長期的な目標をもっているのかがわからないと、実践の見通しが立たなくなってしまうのである。その問題性をAさんは、医師との協働を例に挙げて次のように語る。ここでは「困った」例として語られた。

Ａ　私は困るのが、先生が何を考えているのかがわかんないんですよ。……先生が何考えているかっていうか、見通しが、例えば、「あと二週間ぐらいで血糖のコントロールをつけて退院させます」とか、「施設を考えて

[7]「身体が一つの新しい意味づけによって滲透されたとき、身体が一つの新しい意味の核を同化したとき、身体が了解した、習慣が獲得された」といわれる（メルロ＝ポンティ　一九六七：二四六）。この習慣化された身体は、認識される以前の営みであり、はっきり自覚することが難しい。

います」とかっていう何か明確な目標がないと、何を思ってその人のところに今日行ったらいいかわかんないし、検温をして、話をすることで、上手に患者さんから情報を持ってこれればいいですけど、中には、「看護師さん、聞いてないんですか」とか、「看護師さん、どうやって聞いてるんですか」とか言われると、また「ああ」みたいな（笑）。それが何か困ります。……それがちょっと困るし、ただ、それが上のある程度キャリアがあるナースだったら、きっとそういうの（カルテに書かれている読みづらい文字など）を読み取ったりとか、若い先生にいつも聞いて、情報を持って、その人にかかわるんだろうけど、（病棟を異動したばかりの）私とか、若いナースとかは、やっぱり何も目的を持たないで例えば行っちゃったりして、何だろう、結果的に患者さんにいいことをしてたのかなとかって思うときがありました。

私　ということは、一緒に働いているドクターもそうだけれども、ある程度一緒に働いている人が何を考えているのか、この患者さんをどうしようとしているのかっていうことをわかりながらでないと動きを取れないけど、おおむねそれをわかって動いている？

A　なくて動ける患者さんだったら行きやすいんですけど、例えば今日、ああ、じゃあ、オペ前のムンテラ聞いたんだったら、じゃあ、どういうふうに患者さんが受け止めたのかなとか、例えば書類はちゃんと出ているのかなとかっていうのを持っていけるんですけど。行って初めて、何か再来週あたり退院でとか、別に退院とかだったらいいんですけど、「は？」みたいな予想外の情報をもらったりすると、そんなこと患者さんに言ってたんだみたいな、患者さんと先生の間でちゃんと話は煮詰まってたんだけど、ナースだけは知らなかったとか、そういうのは困る。（三回目、二一一-二一二頁）

ここで語られている困ることは、医師の考えていること、つまり患者に対する治療等々の長期的な「見通し」がわからないことである。「明確な目標」がみえることで、「何を思って」患者とかかわっていいのかも決まってくる。治療のために入院をしている患者の、その見通しがみえてこないと、「何も目的を持たないで」患者さんのもとへ行くことになり、「結果的に患者さんにいいこと」、必要なことをしたのかどうかがわからなくなる。例えば、手術前の説明を受けている患者には、それをどのように受け止めているのかを確かめてみようとする。施設への退院の目処がつけば、施設での生活を見越したケアが計画できる。

これを語った頃のAさんは、病棟を異動して間もない頃で、まだ、医師から必要なことを「いつも聞いて」、「情報をもって」いるわけではなかったようだ。まだ癖のある医師のカルテの文字を読むこともままならない。患者さんから「看護師さん、聞いてないんですか」と言われるのも困る。逆にいえば、この「困る」は、それまでのAさんが、いつもつねにともに働く医師や看護師が患者にもっている「目標」や方針を知りつつ実践をしていたことを物語っている。目的をもって関与できるように、医師や他の看護師の考えや方針を前もって、そのつど必要と思われるところで聞いていたのかもしれない。それが、協働実践を可能にしているのであろう。病棟を異動したことによって、改めてそれを自覚させられた。

先に、経験を積んだ看護師たちの患者の状態への応答には、過去の経験の反芻によって可能となった未来の先取りや判断が内包され、さらにその判断や行為が未来を形づくるという円環構造をしていることを記述した。ここで加えておきたいのは、この円環構造には、前の勤務者たち――もちろんそこには自分自身も含まれている――が積み重ねて理解してきた患者の状態とそれに応じたケアの目標、それを未来へとつなげていく志向性の引き継ぎが内包されているということだ。そこには、治療にかかわる医師たちの目標、およびそれをどこからどのように知るかということも組み込まれている。このように分かちもっている看護や治療の目標（＝遠い未来の見通し）が、患者へ向かおうとする志向性を支えているのであって、それは、患者の状態への直接的な応答のみによって構成されているわけではない。が同時に、直に接することに教えられてもいることから、そのつどの状況に促された応答が長期的な展望を可能にしているともいえるだろう。

このように記述してくると、「回せてない自分はコントロールできてる」という感覚において、経験を積んだ看護師は、患者や病棟をコントロールする主体となっているわけではないこともわかる。しかし、完全に状況に委ねてしまっているわけでもない。患者の状態や状況へと応答しつつも、その応答には、先取りされた未来、それによって定まる判断が内包されているのである。そして、その未来自体を形づくるのは看護師たちのこうした実践であった。それらは、新卒の頃から直接的な応答とすべきこととの差異を反芻して、その場に促されて「出てくる」ようになった、その過去を更新してきた実践において実現する。またそれは、一人の看護師と患者との関係の内で結実していることではなく、他の看護師や医師の志向性を引き継ぎつつ、次の勤務者にも引き継がれていくなかで目標が定まる構造として記述された。彼らの「自分はコントロールできてる」という経験は、何かをコントロールするのとは違った、この実践の成り立ち方を含みもった確かな感覚なのである。

三　「意志」と「行為」の現象学――フッサールに即して　（榊原哲也）

さて、看護師たちの「困ったけど困ってしまわない」経験に関する以上の記述と考察を受けて、以下では、経験を積んだ看護師たちの看護実践における志向性の働き方とその構造を、フッサールによる「意志」と「行為」の志向性に関する現象学的分析を手がかりにして、さらに明らかにしてみたい。というのも、看護師たちの看護実践も、患者のより良き状態を目指した意志する行為、あるいは行為しつつ患者のより良き状態を意志する営みであると思われるからである。まずは、フッサールの一九一四年「倫理学と価値論の根本問題」講義第三篇「意志の現象学について」[8]（XXVIII. 102-125）と『イデーンⅡ』第五五-五六節における「意志」と「行為」の志向性に関する現象学的分析の要点を、本章に必要な限りでまとめ（本節）[9]、そのうえで、もう一度第二節の考察を振り返って、経験を積んだ看護師たちの看護実践における志向性に光を当ててみたい。そのことによって、経験を積んだ看護師たちの看護実践のいくつかの側面が現象学的により明確になるとともに、フッサールの現象学的記述だけからではみえてこなかった「意志」と「行為」の志向性の構造のいくつかの側面が、看護実践という事象に即して明らかになるものと思われる（第四節）。

［8］以下、フッサールのテクストからの引用箇所は、慣例に従い、フッサール全集の巻数をローマ数字で、ページ数をアラビア数字で併記して示す。引用文中の強調や省略などはすべて、本章著者によるものである。
［9］本節の論述は、本章とほぼ同時に成立した榊原の論考（Sakakibara 2012）の一部と重なり合っていることを、ここにお断りしておきたい。

三・一　意志と行為の志向性

フッサールは「意志」と「行為」を現象学的に記述するにあたって、まだ行為せずにただ「何かに向けて決意するという意味で意志すること」と、「行為しつつ意志するという意味での意志すること」とを区別する（XXVIII, 103）。そして「意志」の特徴として、「過去のことにではなく未来のことに向いうる」（XXVIII, 106）こと、しかもそれは、意志することによって何かが存在するようになる「現実化のはたらき」であることを指摘する（XXVIII, 107）。未来の存在が前提にあって「私がそれを意志する」のではなく、「私がそれを意志するから、それは存在するようになる」のである（XXVIII, 107）。しかしそうはいっても、意志される「それ」は、あらかじめそれを目がけて決意するか、そうでなくとも――たとえ漠然とではあれ――先取りされて掴まれていなければならないのではないか。そうでなければ「私がそれを意志するから、それは存在するようになる」とはいえない。未来の「それ」が先取りされ、先取りされた「それ」が意志されることで、当の「それ」が実際に現実化していくのである。看護実践における志向性も、未来にむけて、あるべき状態を（漠然とではあれ）先取りし、それを意志して現実化していく働きであるといえるだろう。

ところで、先取りされた「それ」が現実化して存在するようになるのは、「行為しつつ意志すること（handelndes Wollen）」によってである。では、フッサールはこの「行為しつつ意志する」事態をどのように記述しているであろうか。

意志することが、〈行為の意志すること〉である場合、実現されていく〔…略…〕その各位相において、

〈（実現され）今 - 実在的となったこのもの〉は、原的（オリジナル）に生み出されたものとして、作り出されたものとして性格づけられる。（XXVIII, 107）

先取りされた未来のあるべき事態が、行為しつつ意志されるなかで、「原的に生み出され」、「作り出され」ていく。したがって、この場合、行為のなかでそのつど知覚されるものも、「意志することから生まれたものという性格」をもつ。通常の知覚のように現にそこにあるものを受動的に受け取るのではなく、行為しつつ意志する際の知覚は、その全位相にわたって「創造的主観性から湧出した知覚という性格」をもつ。この知覚は、自分が行為しつつ意志することによって原的に生み出していくものを、あるいはその生み出していくさまを知覚するのであり、これが「生み出していく定立としての意志定立の比類ない独自性」であると、フッサールは述べるのである（XXVIII, 107）。看護実践の営みも、患者のあるべき未来の状態を（漠然とではあれ）先取りし、行為しつつそれを意志することで、あるべき状態を生み出し実現していく創造的な営みであり、その際行為しつつ行われる知覚も、患者のあるべき状態を意志しつつ、行為によってそれを現実化していくさまを知覚する「創造的」な知覚であるわけである。

以上のような「行為しつつ意志すること」――フッサールはそれを「行為の意志（Handlungswille）」、「実行していく意志（ausführender Wille）」ともいう――の志向性が未来に向けて何かを原的に生み出していく「創造的」なものであること、この点は極めて重要である。志向と充実化という用語を用いて、このことをフッサールは次のようにも述べる。

ある意味では、未来に向けられた意志は、創造的な志向だと言え、この創造的志向は、実行する行為のなかで「充実化」される。（XXVIII, 109）

看護実践の志向性も、患者の未来のあるべき状態に向け、それを実現していこうとする意志の「創造的な志向」であり、この志向は看護実践の行為のなかで「充実化」されていくわけである。

この志向と充実化の関係は、時間的な観点からも詳しく記述される。

〈充実化していく行為の意志 erfüllender Handlungswille〉の最初の位相は、ただちに顕在的に創造的である。この行為の意志において今存在するものとして与えられ知覚的に構成されたものは、〈かくあれ *fiat*〉から生成し、生み出されたものとして、現れてくる。この時間点においてはしかし、それと一つになって、〈なお実現されるべきものの未来地平〉が意識されている。〔…略…〕意志定立は、〈今〉とその創造的な端緒にのみ関わるのではなく、さらに先の時間区間とその内実にも関わっていくのである。〔…略…〕しかし〔他方〕、今は、絶えず新たな今に移行していき、前もって定立されていた創造的な未来は絶えず創造的な現在へと変遷し、それゆえ〈現実に生み出されたもの〉になっていく。たった今生み出されたものは、〈創造的な過去〉という性格を受け取り、他方では、未来地平がさらに存続し続けるのである〔…略…〕。（XXVIII, 110）

したがって行為しつつ意志することのそのつどの各位相に注目すれば、「顕在的に今‐発動しているそのつどの今点」には、「創造された過去」と「未来に創造されるもの」とが各々意識されている「二重の地平」が属していることがわかる。そしてこの地平には「〈いわば創造的な原衝撃を与える最初の〈かくあれ〉をともなった開始点〉と〈「それは成し遂げられた（Es ist vollbracht）」という性格を具えた終着点〉が属している」。「このプロセスの間、意志することから意志することが不断に湧き出てきて、それが次いで再生産へと移行し、そのため、各時間点に属する意志の連続性においてはそもそも一般に、意志することの諸契機が並列しているのではなく、相互に湧き出てき合うような連続的関係（kontinuierliche Relationen des Auseinander-Hervorquellens）にあることになる」（XXVIII, 110-111）。創造された過去を踏まえ、そこからなお創造されるべき未来への意志が湧き出るとともに、創造されるべき未来への意志からは、創造された過去を振り返る意志が湧き出て、過去が意味づけられていく。こうしてそこからまた未来への意志が湧き出てくるのである。

しかもその際、「各々の今において、意志の方向と創造的な「かく成れ！」（die Willensrichtung und das schöpferische „Es werde!"）が、意志の諸契機の連続を貫いている。新たな顕在的な創造点の各々によって、〈「かく成れ！」の内実に向けられていた先行的な意志志向（eine vorgängige, auf seinen Gehalt gerichtete Willensintention）〉が充実化される」。目指すべき未来のあるべき事態への「意志の方向」が意志の連続を貫いて保たれているがゆえに、そのつど、創造されたものの知覚によって、なお目指すべきものへの意志が修正されたり更新されたりしながらも、行為しつつ意志することの統一が保たれるのであり、各々の今点において、「先行する意志志向」が「充実化」され続けていく。「各々の意志は、事象に向かっており、創造的に充実化されつつ、出来事の経過のそのつどの今位相に向い、「志向しつつ」なお実現されるべき出来事の残り全体に向かっている」のである（XXVIII, 111）。

ただし、ここで注意しなければならない。前述の「意志」ないし「行為しつつ意志すること」が真に「創造的」であるとすれば、創造された過去を踏まえ、そこからなお創造される未来が意志される際に、それまで目指すべきものと見定められていた目標そのものが更新される可能性も含まれていなければならないはずだからである。したがって「行為しつつ意志すること」の連続を貫いている「意志の方向」は、最初から最後まで固定した静態的なものではありえない。むしろそれは、そうした可能性をも含む開かれた動的なものであるはずであり、実現されるべき未来が「成し遂げられた」と意識される終着点も、そうした開かれた動的なプロセスのなかで到来するものだと考えるべきなのである。

以上の記述と考察を、ここでひとまずまとめておけば、以下のようになるだろう。——未来のあるべき状態が先取りされ、それを行為しつつ意志する場合、その各時間点においては顕在的な今の行為とともに、創造され充実化された過去を踏まえつつ、未だなお実現されるべき未来を意志する〈過去と未来の二重の地平〉が属している。行為しつつ意志することは、先取りされた目指すべき事象を志向しつつ、生み出され創造された事柄をそのつど知覚することによって、「なお実現されるべき」出来事の全体に向かっていく。その際、「意志の方向」が全体のプロセスを通じて貫かれているがゆえに、創造された過去から（それの知覚をもとに）、そのつど修正されたり更新されたりしながら、各々の今において未来への意志が生まれてくるとともに、目指すべき事態への意志によって、すでに実現された事態が意味づけられる。そしてこのプロセスは、実現されるべき未来そのものがそのなかで更新される可能性をも秘めつつ、「成し遂げられた」と意識される「終着点」まで動的に続けられるのである。

看護実践の場合も、患者のあるべきより良き未来の状態を（漠然とではあれ）先取りし、行為しつつそれを意志していくが、その際、先取りされた患者のあるべき状態への「意志の方向」がプロセスの全体を通じて保持されているがゆえに、行為によって実現された状態をそのつど知覚することで、「なお実現されるべき」出来事の全体に向けての意志が、そのつど修正されたり更新されたりしながら生まれてくる。また逆に、目指すべき事態への意志によって、すでに実現された事態が意味づけられる。さらにこうしたプロセスのなかで、患者のあるべき状態の先取りそのものが更新されることも起こりうる。看護実践はこのようにして、先取りされた患者のあるべき状態が成し遂げられたと意識されるまで、続けられていくのである。

けれどもここまでの考察からは、「意志」ないし「意志すること」がいかにして生じてくるのか、いやそもそも未来の目指すべき状態がなぜ、いかにして、何を機縁にして先取りされるのかは、未だ十分に明らかにされていないように思われる。そこで、『イデーンII』第五五-五六節の志向性と動機づけに関する現象学的記述を参照し、意志と行為の志向性がそもそもいかに生じてくるのかを、さらに明らかにしてみたい。

三・二　意志と行為を動機づけるもの

フッサールによれば、私たちは日常、「コギト」において、自分の周りの世界の諸事物や人間たちにかかわっているが（vgl. IV. 215）、それは、「定立する自我」とこの自我によって「実在として定立されたもの」(IV, 216) との「志向的関係」(IV, 215) であって、自然事物との間の単なる「実在的な因果関係」ではない (IV, 215)。「客観」は単なる自然事物ではなく、志向的関係によって、さまざまな意味を帯びて私に現出してくる。そして私は、客観の「物理学的な特性」ではなく、まさに「それが現出してくる仕方」、つまりその客観が意味を帯びて「経験されているその特性」によって「刺激」を受けるのであり、それが私の「関心を呼び起こす」。私のうちにそれへの「配意の傾向」が生まれ、私はそれにかかわるようになるのである (IV, 216)。

例えば、ある客観が私を刺激し、食べることを促す場合、つまり私がそれを掴み、それを食べようとする場合、この客観は「自然性質」において捉えられているのではなく、「価値性質」を具えて「経験され」、「価値客観として統覚されて」いる (IV, 216-7)。また、「部屋の悪い空気」は、「私がそれをそのようなものとして経験する」ことによって、「窓を開けるよう私を刺激する」(IV, 217)。つまり、客観は、価値ないし意味を帯びて現われ、そのようなものとして経験されることによって、私に「関わりを促す刺激」を行使してき、私はその刺激に「動機づけられて (motiviert)」、「意志する主体」として当の客観にかかわるようになるのである (IV, 217)[10]。

フッサールはこの動機づけの関係を以下のようにも記述する。

主観は蒙ったり活動したりする主体、ノエマとして自分の前にある客観への関係において受動的であったり能動的であったりする主体であり、その相関者として、私たちは当の客観から発せられる主体への「影響力 (Wirkungen)」をもつ。客観は「主観のところに押しかけてきて」、主観に刺激 (理論的、美的、実践的刺激）を行使し、いわば配意の客観になろうとして、ある特別な意味において（つまり配意するという意味で）意識の扉をたたく。客観は（意識を自分の方に）引き寄せ魅了する（anziehen）のであり、主観は引き寄せられて（herangezogen）、ついにはその客観は注意されたものになる。あるいは客観が実践的に（意識を）引き寄せ魅了し、いわば掴み取られた（ergriffen）ものになろうとしたり、享受するよう（意識を）招きいれたりするのである。（IV. 219-220）

主観はこのように、客観から「受動的」に「刺激」を受け触発され、それに「引き寄せられ」動機づけられて「配意」するようになる。そして、さらに「意志する主観」として「それに能動的に反応し、ある行為（Tun）に移行する」（IV. 217）。しかもこの行為は、フッサールによれば、「私はできる（ich kann）」という能力性に支えられた「私はなす（ich tue）」であり（IV. 216）、ある「目的」（IV. 216）をもち、それの実現を目指していく行為なのである。

看護実践の場合も、患者が看護師にどのような意味を帯びて出会われるか、というその現出から刺激を受け触発され、動機づけられて、まさにそれに「引き寄せられる」ようにして看護行為への能動的な

[10] 何らかの対象が志向性によって意味を帯びて経験されるとき、そのようなものとして意味を帯びて経験されているものが「ノエマ」と呼ばれる。このノエマ的意味は『イデーンI』において、X（α、β、γ…）と記号的にも表記されたことからも明らかなように、そこからα、β、γ、…といったさまざまな意味規定が分節され、取り出されうる。ノエマ的意味のうちに内含されている諸々の意味規定を取り出す作業が開明（Explikation）である。けれども、実際には、そのような意味の分節化を伴わないまま、漠然とした意味を帯びて私を刺激し、触発してくる場合もある。村上靖彦のいう「現実」とは、そのようなものであろう（村上 二〇〇八：vi、五八-五九）。

意志が発動する。しかも看護師としての「私はできる」を構成する専門的知識と技能に支えられて、患者のより良き状態という「目的」に向けての「私はなす」という行為が遂行されるのである。

しかし、フッサールはさらに、「動機づけ」の志向的関係にも種々のものがあることを記述している。そこで私たちも、本章の考察に必要な限りで、その記述を追っておこう。

三・三 理性の動機づけと受動的な動機づけ

フッサールによれば、動機づけはまず大きく、「理性の動機づけ（Vernunftmotivation）」と、連合・習慣などによる「受動的な動機づけ（passive Motivation）」とに二分される。前者の「理性の動機づけ」は、さらに「純粋」な場合と「相対的」な場合とに分けられる。「純粋」な「理性の動機づけ」とは、例えば「純粋に論理的な思考」において、ある事態が真であることの「論理的な根拠づけ」が行われる場合のように、「理性が洞察的に、もっぱら洞察的に動機づけられて」おり、それによって私が「純粋」に理性的に動機づけられる場合である。これに対して、「相対的」な「理性の動機づけ」とは、理性が必ずしも完全に洞察的に動機づけられているわけではない場合、つまり私は「自分の持つ諸前提」にしたがって「理性的」であろうとするが、その諸前提のうちのいくつかが洞察的に見通されているわけではないような場合である。看護実践における動機づけには、経験的な要素も含まれ、「もっぱら洞察的な」前者ではなく、「相対的」な後者にならざるをえないと思われるので、「相対的」な「理性の動機づけ」について、さらにフッサールの記述をみていくことにしよう。

「私が或るものを真と見なし、ある要求を道徳的（sittlich）と見なし〔…略…〕、そう思い見なされた真理や、そう思い見なされた道徳的善意（vermeinte sittliche Güte）に自由に従おうとする場合、私は理性的であるが、そのさい私が誤りうる限りで、相対的に理性的である」。このとき、私は「自分が持っている諸前提を通じて自分に下図を描かれている諸志向」を「充実化」しようとするが、「自分が持っている諸前提のひとつが正しくないことを見落としているかも知れず」、その限りで、私は「相対的理性において或る理論を企投している」ことになる。この場合の「理性」は、相対的にしか動機づけられていない理性であり、私は「相対的に理性的」に動機づけられているのである（IV, 221-2）。

けれども、実践的な場面において、ある道徳的に善い状態を目指して、行為しつつ意志する場合は、純粋に論理的にある事態を真として根拠づける場合とは異なり、何が純粋に道徳的に善であるかを見通せないことのほうが、むしろ多いのではなかろうか。「自分が持っている諸前提」に基づいて自らの理性においてある要求を「道徳的」と見なしたとしても、自分がもっている諸前提のすべてが、純粋に論理的な思考の成果の場合のように、完全に洞察的であるわけではない。看護実践においては、「自分が持っている諸前提」とは、実践を支える医学的・看護学的知識と、自分がこれまでの経験を通じて身につけてきた実践知・身体知・技能などであろうが、とりわけ後者は、実践状況を構成する具体的な諸関係のなかで培われたものであって、「純粋」に論理的に「洞察的」でありうるような類のものではない。看護実践を支える理性は、自分のもつ諸前提も含め、実践の状況を構成する諸関係のなかで「関係的・相対的（relativ）」に働く理性であらざるをえず[11]、それゆえ、過去の実践をふまえながらも、今後の実践

［11］実践を支える理性は、実践の状況から「切り離された・絶対的な（absolut）」理性ではありえないのである。

の諸関係のなかで修正されたり更新されたりしうるものだと考えられるのである。

さて、以上のような「理性の動機づけ」に対して、フッサールは「連合や習慣」などによる「受動的動機づけ」を対置する。

それは、「以前の理性作用、理性能作からの「沈殿物」」としての諸体験や、「実際には理性活動によって形成されたのではないにもかかわらず、そうした沈殿物との「類似」によって統覚的統一体としてあらわれてくる」思い込みのような諸体験や、「受動性の領圏においておのずと湧いてくる想念やそこにあらかじめ与えられているもの、衝動」などといった「完全に理性を欠いた諸体験」による動機づけであり（IV. 222）、これらはみな、「一つの自我意識の内部」に創設された「以前の意識と以後の意識との間の諸関係」によって、「時間意識」の「統一」である「「今の」意識」において、自我の能動的関与なしに「連合的」ないし「受動的」に発動される「動機づけ」である（IV. 222）。フッサールによれば、とりわけ「受動性の領圏における個々のものは、暗い基底において動機づけられている（im dunklen Untergrunde motiviert）」。けれども、そうした心的基底において動機づけられている以上、「それなりの「心的理由」[12]をもってはいるので、その心的理由について、人は「どうして私はそうなるのか、何が私をそうさせたのか」と問うことができる。〔…略…〕「動機」はしばしば深く隠されているが、「精神分析」によって明るみに出されうる」。しかし「ある考えが、別の考えを私に「想起させ」たり、或る過去の体験を想起させ呼び覚まさせたりする」場合、「たいていは、動機づけは意識のうちに実際にあるのに、際立っては来ずに、注意されず気づかれずにいる」。いわゆる「無意識にとどまっている」（unbewußt）のである（IV. 222-223）。

このような「連合的動機づけ」ないし「受動的な動機づけ」の場合、「ある意識流に、ある連関がひとたび現れると、同じ（意識）流に、〈以前の連関に部分的に類似した連関が新たに現れると、その連関が類似性を継続して補完しつつ、以前の全体的連関と類似した一つの全体的連関になろうと努力する傾向〉が生じ」（IV. 223）、それによって「習慣」が受動的に形成されていく。けれども他方、私は能動的に「以前の連関を反省し、それと類似の関係にある第二の連関を反省する」ことによって、第一の連関のあとで類似の連関を「理性的動機づけ」によって予期することもできる（IV. 223）。以前の経験連関を能動的に想起したり反省したりすることによって、類似の連関が理性的に動機づけられて予期されるのであり、また実際に類似の連関が経験されると、これもまた以前の場合と類似のことなのだという判断が理性的に動機づけられる。しかもこうした「理性による動機づけ」は、現実存在の定立に関してのみならず、「心情や意志の態度決定」においても行われるのである（vgl. IV. 223）。

したがって、看護実践の意志の志向性においても、こうした「反省」を通じての「理性による動機づけ」が生起しうるといえるだろう。看護経験の積み重ねによって、自我が特に能動的に関与しなくても、受動的にさまざまな動機づけが習慣的に働くようになるが、たとえば「困った」事態に直面し、これまで通りのやり方ではうまくいかなくなったときなどには、以前の経験を改めて振り返り、能動的に反省

〔12〕フッサールはここで、「暗い基底」における「心的理由」を強調するが、看護実践の動機もこうした「暗い基底」に由来するのだろうか。ノディングズが、根源的なケア経験として母子関係における「ケアされた」という受動的な経験を強調し、そのような「自然なケアリング」が倫理的なものを可能にしている」と述べていることが思い起こされる（Noddings, 2003: 43, 83; ノディングズ 一九九七：六八、一三〇）。

することによって、単に受動的な習慣的反応ではなく、より良い看護実践（すべきである行為）に向けての能動的な理性的動機づけが発動しうるわけである。

しかし他方では、理性の動機づけによって得られた判断が次第に習慣化し、受動性の領圏に沈澱していくということも、一般に起こりうることであろう。とすれば、理性の動機づけと、連合や習慣による受動的な動機づけとは総じて、事実上、互いに絡み合っていくと考えなければならないのではないか。実際、フッサール自身も、「習慣による出来事」と「態度決定の領圏における動機づけの出来事」とを混同してはいけないが、「連合と統覚の基底における「因果関係」」と「理性の「因果関係」」、つまり「受動的な因果関係」と「能動的ないし自由な因果関係」は、「絡み合ってしまう」と述べている（IV. 224）。したがって看護実践の場合も、受動的動機づけと能動的ないし理性的動機づけとは、事実上絡み合いつつ生起すると考えられるのである。

さて、以上のようなフッサールの「意志」と「行為」の現象学的記述に即して考えるならば、看護実践の志向性とは、以下のようなものと考えられるだろう。すなわち、看護実践においては、患者が看護師にどのような意味を帯びて出会われるか、というその現出から刺激を受け触発され、その現出から受動的ないし理性的に動機づけられて、まさに患者に「引き寄せられる」ようにして看護行為への能動的な意志が発動する。その際、看護師としてこれまで積み重ねてきた知識と技能による「私はできる」という能力性に支えられ、患者のより良き状態という「目的」が（漠然とではあれ）先取りされる。そしてこの未来のあるべき状態への意志が、「私はなす」という「行為」によって徐々に実現されていく。しかもこの〈行為しつつ意志すること〉においては、先取りされた患者のあるべき状態を志向しつつ、行為によって実現された状態をそのつど知覚することで、「なお実現されるべき」出来事の全体に向けての意志が生まれてくる。また逆に、目指すべき事態への意志によって、すでに実現された事態が意味づけられる。しかもそうしたなかで、目指すべき状態そのものが見直されることも起こりうる。こうして、患者のあるべき状態が――場合によっては更新されつつも――「成し遂げられた」と意識されるまで、看護実践が続けられると考えられるのである。

（榊原哲也）

四　看護実践の現象学

本節では、第三節でのフッサールの意志と行為の現象学についての概観をふまえて、第二節における私たちの考察を今一度振り返ってみよう。そうすることで、経験を積んだ看護師たちの看護実践のいくつかの側面が現象学的により明確になるとともに、フッサールの現象学的記述だけからではみえてこなかった「意志」と「行為」の志向性の構造のいくつかの側面が、看護実践という事象に即して明らかになるものと思われる。

四・一　看護実践とそれを動機づけるもの

まず二・二「困ったと思うけど何とかなる」で行った考察について。疼痛コントロールのために点滴をしていた患者が、麻薬のために朦朧としているにもかかわらず「わっと動き始め」、それを四人の夜勤看護師全員で押さえたという出来事について、私たちはそこで次のように述べていた。

このとき行われたのは、わっと動き始めた患者を四人全員で押えた、という実践である。「わっと動き始めて。押さえた」、「四人しかいないから、わーっと全員が押している」という語りから、患者がわっと動いたときに、どう対応しようかと考えたり、看護師同士で相談したりしてその行為が決められたのではなく、四人ともが動いた患者に否応なく応答して押していたことがわかる。つまり、患者の状態の判断や、自分たちがすべきことを考えること（思考）が挟み込まれずに、患者の状態に直接的に応答したこととしてその行為は語られている。そして〔…略…〕別の箇所でCさんが、「何かわかるときには、もう何かやっているんだ、次のことを」と語っているとおり、看護師たちは「絶対転ばせない」、「これは転ばすわけにはいかない」状況にあることがわかる、その時にはもう患者を押さえていたのである。あるいは、患者の状態への直接的な応答としての押さえる行為が、「転ばすわけにはいかない」という彼らの判断を成り立たせていたともいえる。つまり、思考から行為という流れで応答が成り立っているのではなく、その応答という行為そのもののうちで、ある種の思考が働いているといっていいだろう。このように、「絶対転ばせない」という判断には既に自らの行為が含まれているのである。言い換えると、患者の状態に応じて押さえるという行為が、その場の判断をも成り立たせており、この構造が、「自分はコントロールできてる」という感覚をつくり出す土台となっていた。

わっと動き出した患者の状態についての判断や思考と、その患者を押さえる行為との関係について私たちがなしたこの考察は、第三節の考察を経た今、〈行為しつつ意志すること〉と〈それを動機づけるもの〉とがどのような関係になっているかについて、具体的に考察したものとしても読むことができるのに気づく。第二節では以上のように、行為と意志を動機づける客観（患者の状態）が思考によって意味づけられ判断される以前に、〈行為しつつ意志すること〉が発動し、その行為のうちで初めて客観についての思考と判断が成立すると、私たちは考察した。わっと動き始めた患者に対して、その状態を意味的に分節化し判断する思考がなされる前に、押さえるという行為がなされており、「絶対転ばせない」、「これは転ばすわけにはいかない」状況にあることが思考によって意味的に明確に分節化され判断されたときには、すでに押さえるという行為がなされていたのであるから、確かに、思考から行為へという流れにはなっていないと、いわなければならないのである。

けれども、もう少し立ち入って考えてみると、わっと動き始めた患者は、看護師たちにとって、たとえ「転ばすわけにはいかない」状況であると思考によって明確に分節化された形で判断されていなくとも、〈押さえる行為を動機づける、言語的に未分節ではあるが差し迫った意味・方向性[13]〉を帯びていたといわなければならないのではないか。しかも、患者がそのような、いわば「先述定的（vorprädikativ）」な意味を帯びて現出したのは、看護師たちが医学的・看護学的知識や経験的実践知・技能を身につけ、それが「私はできる」という能力性（Vermöglichkeit）として身体化されていたからであろう。新人のナースでは、こうはいくまい。経験を積み、「私はできる」の能力性を身体化した看護師たちには、そう

[13]「意味」をあらわすドイツ語の Sinn やフランス語の sens、英語の sense はいずれも、「ある目的を目指しての歩み」という方向性を示す語源的意味をもっていることに注意されたい。

した存在論的能力に支えられて、わっと動きだした患者が、（たとえ言語的には未分節であれ）切迫した意味を帯びて立ち現われたのであり、それに動機づけられて、転ばせないように行為する意志が瞬時に発動した。「これは転ばすわけにはいかない」状況であると言語的に分節化された述定的（prädikativ）判断は、行為する意志が発動した後で、行為するなかで成立してくるのであり、そのことによってまた、「自分はコントロールできている」という意識、つまり「私はできる」という能力性の自覚も成立してくると考えられるのである。

ここで明らかになった、〈行為しつつ意志することの発動〉と〈それを動機づける意味を帯びた客観の現出〉と〈思考によるその客観の明確な意味的・言語的分節化としての判断の成立〉との間の相互関係や、「私はできる」という能力性とその自覚との関係は、第三節で概観したフッサールの意志と行為の現象学的記述においては、未だ明確にはなっていなかった。これらの構造は、本章では、看護実践の志向性を具体的に記述することを通じて、看護実践という事象の方からみえてきたのである。

四・二 「困ったけど何とかなる」を支えるもの——看護実践における時間性と能力性

次に同じ第二節第二項のなかで、上記の看護師たちの行為を時間とのかかわりで考察した箇所を振り返ってみよう。

患者の状態への直接的な応答としての押さえるという行為は、単に状況に否応なく応じて転ばせないよう（判断）くい止めただけではなく、「何とかなる」という結末（未来）を内包した行為でもあるといえる。それをBさんは、「予測」と語る。先に述べた、「とりあえず」、「この人が転ばなきゃいいい」というその時（現在）を作る判断は、その行為の先取り（未来）を内包しているがゆえに成り立っていたと言えるだろう。〔…略…〕

他方で、その予測される未来は、単に、これから起こりうることを意味しているだけではない。その未来は、患者の状態に応じた「絶対に転ばせない」、「押さえる」という行為がつくり出すのである。つまり、今の自らの行為が、未来の結末を導くことを先取りして把握しているのである。判断を含んだ直接経験としての行為は、未来の先取りとともに成り立ち、同時に、その行為が未来をつくり出すという円環構造が、看護師たちの実践を形づくる。そこに、「自分はコントロールできてる」という感覚が生起していたのである。

すでに述べたように、経験を積み、「私はできる」の能力性を身体化した看護師たちには、わっと動きだした患者が、（たとえ言語的には未分節であれ）切迫した先述定的意味を帯びて立ち現われ、それに動機づけられて、転ばせないように行為する意志が発動したのであるが、この現在発動しつつある〈行為しつつ意志すること〉は、前述のように、転ばないで「何とかなる」未来の状態を先取りし、内包している。他方、〈行為しつつ意志すること〉が「何とかなる」未来を先取りしているがゆえに、逆に、「とりあえず」、「この人が転ばなきゃいいい」という現在における判断も成り立つ。現在発動しつつある〈行為しつつ意志すること〉は未来を先取りし、それを目指して行為していき、この行為によって先取りされた未来は実現されるのだが、逆に、未来が先取りされているがゆえに、現在の状態（そこにはその時点までになされてきた過去の行為の成果が含まれる〉に関する意味づけられた判断も成り立つ。これは、私たちが第三節のフッサールの現象学的分析から得たあの意志の志向性の時間的構造、すなわち〈先取りされた患者のあるべき状態を志向しつつ、行為によって実現された状態をそのつど知覚することで、「なお実現されるべき」出来事の全体に向けての意志が生まれてき、また逆に、目指すべき事態への意志によって、すでに実現された事態が意味づけられる〉という構造の、一つの具体的な姿であろう。しかも、前述の考察からは、現在の行為が内包する「何とかなる」という未来の先取りが、経験を積んだ看護師の「私はできる」という能力性に支えられていることも、読み取られなければなるまい。新卒のナースでは、このような「何とかなる」未来の先取りはできないのではないかと思われる。フッサールはこの時間的な「円環構造」を、意志の志向性の構造として現象学的に詳細に記述したが、第二節で私たちが行った看護師たちの看護実践の記述は、この構造の具体的な個別事例を描き出すとともに、意志と行為の志向性の時間構造が、実は「私はできる」という能力性と密接に結びついて機能することをも示唆している。〈行為しつつ意志すること〉の時間的な円環構造がうまく機能しているときにこそ、「私はコントロールできている」という感覚、つまり「私はできる」の明確な自覚化がなされるのは、それゆえであろう[14]。これが、「困ったけど困ってしまわない」経験の現象学的構造なのである。

四・三　反省的実践――反省・沈殿・再活性化

今度は二・三「新卒の反省的実践――こういうときはこう」での、Cさんが新卒だった頃の経験をめぐる考察を振り返ってみよう。私たちは以下のように述べていた。

さらにここで注目したいのは、Cさんが初めてのためにわからなかったこと、できなかったことを、自分なりに「どうすればよかった」のかと、すべきであったができなかった「行為」を反芻している点である。次に同じような状況に遭遇したときに行う「行為」を、今できなかったことを振り返って整理することで、次に動くことができるようになる。しかし、ここで「たぶん自分の中で一回整理をするという作業を、私はいつもしていると思う」、「そんな意識しているとかいうわけでもない」と語られているとおり、Cさんにとってこうした整理は、「いつも」行っている「たぶん」としか言えない自明なことであり、またこの作業は「忘れ」られてしまってもいる。

こうした「たぶん」としか言えない、そのつど繰り返し問い直される自分の行為。Bさんも、「予測をしない、今まで経験したことがないことが起こると、自分がコントロールできなくて困っちゃ

[14] この「私はコントロールできている」という感覚はしかし、たとえ円環構造がうまく機能していなくても、「私はできる」という能力性に支えられた未来の先取りが見失われていない限り、維持されうるのかもしれない。そのことを、第二節第一項の看護師Dさんのインタビューの以下の件が示唆しているようにも思われる。

D　例えば、どんなに仕事が忙しくなって来ても〔…略…〕、思うときは、あ、これは追いついてないぞ（笑）。だんだん手に負えなくなってきてるぞ。そのときは困ったなと思うけど、だけどそれは本当に困ってないというか、何ていうかな、追いついてないぞ、回ってないぞ、回ってない。自分で全然回ってない。今日はないぞみたいな、回せてないんだけど、回せてない自分はコントロールできてるから、それはたぶん、今先生がおっしゃっているような困っているとはちょっと違うと思うんですよね。

私　自分で自分をコントロールしている感じかな。

D　たぶん新卒さんとかはそこまでコントロールができないからパニックになっちゃうんだと思うんだけど、そこら辺はやっぱりちょっと違う。

う」と語るが、「その後に、やっぱり思い返して」、「あのときに、ああいうふうにして、こういうふうにすれば」と考えてきたと振り返る。そしてこれは一旦「忘れ」られるが、「同じようなことが起こると、その修練で何回かやっているとと出てくるのかな」と、自分の経験に置き換えてCさんの語りの確かさを保証する。

第三節での考察を経た私たちは、この考察が、困った事態に直面したときの「反省」を通じての「理性による動機づけ」と、それが沈殿した後の、そうした「以前の理性作用、理性能作からの「沈殿物」による受動的な動機づけとに関する、看護実践に即した具体的な考察として位置づけられることに気づく。困った事態に遭遇し、うまくできなかったとき、自分なりに「どうすればよかった」のかと、すべきであったができなかった「行為」を反芻・反省することで、同じような事態に遭遇したときに「すべき行為」が理性的に動機づけられる。しかも、このような反省と理性的動機づけを繰り返し行うことで、その結果が沈殿し習慣化して、それが類似のケースに遭遇したときに、自覚的能動的にではなく「たぶん」としか言えないような受動的な動機づけとして作動し、再活性化される。それは、「一旦「忘れ」られるが、「同じようなことが起こると、その修練で何回かやっていると出てくる〔…略…〕」」のである。

ここで注目しておきたいのは、この事例では、すべきであったができなかった行為の反芻、すなわち理性的反省そのものも、自覚的・能動的というより、無自覚的・習慣的になされているように看護師Cさん、Bさんが想起している点である。フッサールはこの点を十分に明らかにしていないが、実際には、自らの行為を振り返る反芻という理性的反省そのものも、「たぶん」としか言えないような自明なふるまいへと習慣化し、それらが沈殿して能力性（私はできる）の厚みを形成するということがありうるのであろう。そして、そのようにして形成されたものが、類似の事態に遭遇したときに再活性化される。第二節での私たちの考察は、そのことを教えてくれていたのである。

晩年のフッサールは、「発生的現象学」という構想のもとに、沈殿と再活性化の構造を明らかにしようと試みていたが、今やこの志向性の発生的構造が、看護実践という事象に即して、明らかにされ、さらに豊かにされているのを、私たちは目の当たりにしている。第二節で私たちは、先の引用に続けて、以下のように述べていた。

「何回かやっていると出てくる」。ここでBさんは、ある実践がその場に応じて「出てくる」ことをさりげなく語るが、その「出てくる」は、相手の状態への直接的な応答のことをいっているのではなく、こうした状況への直接的な応答とそのつどその場で求められることとの差異を経験して、それを望まれた実践へと編み直そうとする振り返り、つまり過去の事態にいかに応答し得たかを反芻する作業を通して実現する「出てくる」なのである。この未来を内包した応答も、過去を内包した「出てくる」実践において実現するといっていいだろう。

この「出てくる」が、看護師の経験の反芻と沈殿、そして再活性化という発生的事態を、事象に即して描き出した表現であることは、今や明らかであろう。

四・四　看護実践を支える未来の先取り——間主観的な意志と行為の現象学

本節の最後に、二・四「見通しが実践を決める」での私たちの考察を振り返っておこう。

私たちはそこで、病棟を移動して間もない看護師Aさんの「困った」経験に基づいて、医師や協働する他者たちが患者に対してもっている「長期的な目標」、「長期的な「見通し」」がわからないと個々の「実践の見通し」が立たなくなり、困ってしまうこと、それまでのAさんが「いつもつねに共に働く医師や看護師が患者にもっている「目標」や方針を知りつつ実践していた」こと、したがってそれは、協働する他者たちと「分かちもっている看護や治療の目標（＝遠い未来の見通し）が、患者へ向かおうとする志向性を支えている」事態を証していることを、考察しておいたのであった。

第三節での考察を経た今、私たちは、この「長期的な目標」、「遠い未来の見通し」が、フッサールのいう「各々の今」において「意志の諸契機の連続を貫いている」、「意志の方向と創造的な「かく成れ！」」に該当するものであることに気づく。第三節で述べたように、目指すべき未来のあるべき事態への「意志の方向」が——それ自身更新される可能性も孕みつつ——意志の連続を貫いて保たれていくがゆえに、行為しつつ意志することの、一つの全体としての統一が保たれるのであり、各々の今点において「先行的な意志志向」が「充実化」され続けていくのである。

けれども、フッサールの現象学的分析では、この「意志の方向」は、協働する他者たちとの間で間主観的に保持される（べき）ものとしては記述されていなかった。看護実践のような他者たちと協働での「行為しつつ意志すること」の記述には、事象そのものからして、間主観的に「意志の方向」がいかに保持されていくのかについての現象学的記述と分析が必要なのだが、私たちが取り上げたフッサールの

「意志」と「行為」の現象学にはその記述と分析が欠けていたのである。彼が、「行為しつつ意志すること」の創造的性格を強調しつつも、目指すべき未来のあるべき事態への「意志の方向」そのものが更新される可能性を表立って記述できなかったのも、このことと無関係ではあるまい。というのも、間主観的な協働の場面では、目指すべき方向がその協働のなかで見直される機会が、単独での意志的行為の場面より、頻繁に起こりうるように思われるからである。こうした間主観的な「行為しつつ意志すること」の記述と分析を行う場合、第二節第四項末尾で私たちが示唆しておいたように、個々の看護師が「患者や病棟をコントロールする主体」となってはおらず、他の看護師や医師の志向性を引き継ぎつつ、次の勤務者にも引き継がれていくような間主観的な協働実践の志向性が明らかにされなければならないが、このことは、看護実践という事象そのものの方から立ち上がる「意志」と「行為」の新たな現象学の可能性がここに開かれていることを、示してもいるのである。

（西村ユミ）

五　「私／私たちはできる」の身体化

「看護実践の現象学」と題した第四節では、第三節のフッサール現象学の議論をもとに、「困ったけど困ってしまわない」看護実践の記述の再分析を行った。第二節を看護実践の（分析の）記述とすれば、第四節は看護実践の（分析の）記述のメタ分析になるだろう。

これまでの展開を受けて、本節では「看護実践の記述」の記述、その記述（分析）から得た課題に応えるために、再度、事象に立ち返ってみたい。その課題とは、第四節で議論された「意志の方向」を支える「他者ができる」、「一緒にできる」という協働する能力性、間主観性がいかに成り立っているのかを記述することである。が、その前に、第三節で提案された「私はできる」という能力性についても、これが具体的な事象においていかに生成しているのかを記述しておく必要があるだろう。それゆえここでは、「私／私たちはできる」の生成を捉え直すことを目指す。

五・一　動けていた

第四節では、第二節で記述された看護実践の構造について、「わっと動き始めた患者に対して、その状態を意味的に分節化し判断する思考がなされる前に、押さえるという行為がなされており、「絶対転ばせない」、「これは転ばすわけにはいかない」状況にあることが思考によって意味的に明確に分節化され判断された時には、すでに押さえるという行為がなされていた」ために、「思考から行為へという流れにはなっていない」ことを確認した。行為が思考を生み出しているといえるような事象が、看護実践において営まれていたことを記述したといってもいいだろう。

ところが、上記を押さえたうえでフッサールの志向性概念を手がかりにすると、患者の状態に応じるという行為を動機づける、身体化された「私はできる」という能力性がみえてきた。「わっと動き始めた患者は、看護師たちにとって、たとえ「転ばすわけにはいかない」状況であると思考によって明確に分節化された形で判断されていなくとも、〈押さえる行為を動機づける、言語的に未分節ではあるが差し迫った意味・方向性〉を帯びていた」のであり、「患者がそのような、いわば「先述定的」な意味を帯びて現出したのは、看護師たちが医学的・看護学的知識や経験的実践知・技能を身につけ、それが

「私はできる」という能力性として身体化されていたから」である。この分析から、「押さえる」という行為の手前で、それを動機づける「意味・方向性」が、はっきり分節化されないままにすでにCさんには浮かび上がっていたといえる。そして、そのような意味を与えていたのは、「私はできる」という能力性であると分析した。この能力性の身体化はいかになされたのだろうか。

前節では、Cさんが語った「困った」事態、つまり夜勤で見回りをしていた際に呼吸停止の状態にあった患者を発見したときの対応の「反省」、その反芻・反省を通じて、同じような事態に遭遇した際に「すべき行為」が理性的に動機づけられること、そしてこれが繰り返されることによって、その結果が沈殿して習慣化し、再活性化を可能にしていたと分析した。が、この分析を与えたCさんの語りを読み直すと、これまで分析をしてこなかった新たな切り口から、実践の仕方やその身体化のプロセスへと分け入る手がかりが浮かび上がってきた。グループ・インタビューの語りに立ち返ってみよう。

C　夜勤で見回ってたら息してなかったことが何度かあったんですけど、最初に見たときは、本当に慌てちゃって、「あ、ああ」ってなって。で、息してないと思って、患者さんを放っぽってナースステーションに戻っちゃったんですよ。で、何したらいいかわかんなくて、慌て者なので、私は、あたふたしてしまって、そのときはどうしようもなかった。けれど、一回それを経験した後に、あ、あのとき戻ってはいけなかったんだなとか、自分なりに反省をしたわけですね。ああ、こういうときには、まずナースコールをして、血圧計を持ってとか、自分なりにこうすればよかったんだっていうのを頭の中でもう一回整理をするということをしたところ、二回目以降は、こういうときにはこうだってちゃんと動けていたので、何か一回あったことを、たぶん自分の中で一回整理をするという作業を、私はいつもしていると思う。
私　それも慣れることかな。
C　でも、そんな意識しているとかいうわけでもないんだけど、……あそこがまずかったんだな。今度やったらそうしないようにしようって思って、それでそのときは、もうそれでもうよしにして、たぶんもう忘れちゃうんだろうと思うんだけど、次にあったときには、ああ、そうだよなと思って、そうやって動くとうまくいったりすることがあります。（三回目、一九頁）

ここで注目したいのは、Cさんの「二回目以降は、こういうときにはこうだってちゃんと動けていた」という語りである。患者が息をしていない状況に「最初」に遭遇したとき、Cさんは「本当に慌て」て「あ、ああ」となってしまった。その後Cさんはそれを反省するのであるが、その内容は前述した「自分なりにこうすればよかった」という「すべき行為」であった。すると、二度目に同じ状況に遭遇した際、「ちゃんと動けていた」、つまり、反省して整理した動きができるようになっていたのである。二度目はいつ訪れるかわからない。また、反芻して整理したということも一旦は「忘れ」てしまう。「動けていた」という表現は、この突然やってくる二回目の出来事に遭遇した際、それ以前に反芻して整理していたことがその通りに実践でき、その一連の実践を終えたときに「できた」ことが確認されたことを言い表していると思われる。言い換えると、「こういうときにはこうだって」という一連の実践を終えてからでなければ、できたことがわからないのである。だからここでは、完了形で語られたのであろう。逆にいえば、実践をしている最中に、自分が動けているということはわかっていなかったのである。これから起こりうること、これから達成されることは、この時のCさんにおいては未だ先取りされていない状態にあったのだ。

五・二　私動けている

この語りに続いてCさんは、新人の頃に経験した患者の見え方の変化（西村 二〇一一）に言及して、動けるようになったときの感覚を語った。それが、完了形ではなく、現在進行形で語られたことに注目したい。

C　自分が新卒の頃とか考えていると、本当に自分のやらなきゃいけない範囲にある何か手技なり技術なりっていうのをやっていかなきゃいけなかったんだけど、ある時点で、自分の目の向け方っていうのが質的に変わったような。何か、あ、私、もしかして動けているっていう瞬間があって、それがあると、何かだんだんそういう患者さんの状態、今、危なそうだなとか、もうちょっとというのは、だんだんそこから見えてきたような気がする。

私　質的な変化ってなんでしょうね。

C　なかった？　何か、「あっ」て、何か私動けてるっていう、何かときがあったんですよ。私。

私　何年目ぐらい？

C　いや、それは一年目の終わりぐらいで、私、けっこうぐるぐる回っちゃって焦っちゃう人だったんだけど（笑）。何かくるくる回っているうちに、あれ、知らないけど、何かあれ動けてるじゃんみたいな。その時点でこう見ていると、もうちょっと広い視野で患者さんの状態とか、ああ、ここは危なそうだなっていうのを見ている自分を感じたんですよ。
B　同じようなことを目指したりする、みんな同じじゃないけど、同じようなことを繰り返していく中で、視野が変わったりとかありますよね。
C　でも、同じことやってるわけじゃないですよね。
B　まったく同じことじゃないんだけど、同じようなことを繰り返し経験することで、何となく危ないなっていうのも経験をしていく上で危ないのかなっていう見方ができるっていう。（三回目、六頁）

この語りで注目したいのは、「私動けている」という表現が繰り返されていることである。この表現には、前述した「二回目」の急変時の実践が「できる」とは違った意味が孕まれている。ここでCさんは、「動いている瞬間」と語っていることから、その動きが進行している最中に「何かあれ動けてるじゃん」と自らの「できる」に気づいているといえる。事態が進行している最中に、できていることに気づけるのは、これから起こりうる未来においても「動ける」ためであろう。そうでなければ、進行する行為のなかでの「動けている」感覚はすぐに挫けてしまう。

さらに、「もしかして」、「何か」、「知らないけど、何かあれ」という修飾語を伴って「私動けている」が語られていることから、この時点では、何らかの行為を始める前に、フッサールの言葉を借りると「先述定的」に「できる」という能力性が経験されているわけではないようだ。実際に、突然起き上がった患者を四人で押さえたという実践の語りでは、その状態へと向おうとするときにすでに、未来が先取りされていることが語られていた。しかし、ここでは先取りの感覚自体は浮かび上がっておらず、応じつつあるその瞬間に気づいているのである。先取りしてその後の状況をつくることはできなくても、まさに行為とともに「できる」が生み出されてくること、それがある時点に、Cさんにとっては一年目の終わり頃に訪れたのだ。

またここでは、「私動けている」という行為の実現が、「自分の目の向け方の質的な変化」、患者さんの状態や「危なそう」な状態が「だんだんそこから見えてきたような気がする」、「もうちょっと広い視野で患者さんの状態とか、ああ、ここは危なそうだなっていうのを見ている」こととともに語られている。つまり、Cさんにとって「私動けている」は、患者の状態が広い視野で「危なそう」というある種の判断を孕んで見えるようになることでもあるのだ。見えるという世界の分節化、未だ断定はできないけれども「危ない」という見方が可能になること、そしてそのように見ている「自分を感じた」と語っていることから、Cさんは動きつつ動くこと自体の内で、分節化を伴った「見える」が可能になった。そして、それを自覚しているのだ。

五・三　「私はできる」の身体化

ある実践を行った後に経験された「動けていた」感覚。その感覚には、未来の先取りは孕まれておらず、また「できた」こと自体が主題化されるという特徴をもっていた。次に分析した「私動けている」という現在進行形で表現された感覚でも、「できている」ことが主題化されていた。つまり、いずれも自分の手元に関心が向かっている状態にあったといえる。しかし後者は、まさに動いている瞬間に自らのことが捉えられていたのであるから、この「できている」は、それまでの実践（過去）とこれからすべき実践（未来）が交差した感覚として生み出されており、その生成の瞬間に、「危なそう」という未来を先取りする分節化（知覚）が実現しているといっていいだろう。この未来への志向の生成において、「動けていた」が内包する過去は、看護師たちの手元で暗がりになる。まったく同じではないけれども、同じようなことを繰り返すことを通して、「動けていた」、「動けている」は習慣化・身体化され能力性として沈殿していくのである。

さらに、この進行形の「私動けている」も、「困ったけど困ってしまわない」実践においては背後に退き、「絶対に転ばせない」、「何とかなる」と語られている通り、先取りされた未来の状態が主題化される。つまり、「できた」、「できている」自らの振る舞いは、身体化されて関心の矛先に置かれなくなり、むしろ応じなければならないことが浮かび上がるのである。

ここでは、看護実践におけるある種の感覚の習慣化・身体化を、経験の積み重ねによる行為と知覚、過去と未来との関係において達成されることとして記述したが、これらはそのつどの実践の求めに応じて、未来の知覚を浮かび上がらせ、同時にその裏面で「できる」が働き出すという構造で営まれていた。このように考えると、第四節で記述した身体化された「私はできる」は、経験を積んだ看護師たちの、困ってしまいそうな状況においてもなお困ってしまわないように「自分はコントロールできている」実践を支える能力性といえるだろう。

五・四　「私たちはできる」という協働の身体化と「私はできる」

本節で取り組むべき二つ目の論点は、「協働」の成り立ち方の検討である。第二節で紹介した「わっと動き始めた患者を四人全員で押さえた」出来事を振り返ってみると、そこでは、四人が相談してこの患者に応答したわけではなく、その状態に否応なく応じて押さえることが実現していた。そして彼らは、「だってどこかで収束すると思わなかったあの時」（Dさん）、「うん、何とかなるって」（Bさん）と、グループ・インタビューのなかでそのときの感覚を確認していた。そうであれば、ここでの「何とかなる」は、「私はできる」ことだけではなく、「私たちはできる」ことを物語っていると思われる。一人でできるのであれば、四人も集まってくることはなかったであろうし、さらにいえば、「四人しかいない」から全員で応じざるをえなかった。その状況における「できる」なのだ。

こうした「私たちはできる」という協働する能力性は、いかに身体化したのであろうか。同じグループ・インタビューの他の箇所でのDさんの語り（西村 二〇一一）が、ともに働く看護師たち（「みんな」）の「できる」に自らの判断を重ね合わせ、「私はできる」を実現したことを語っている。その語りを手がかりに、「私たちはできる」の生成を分析してみたい。

Dさんは臨床経験一〇年前後の看護師であるが、六年間、臨床実践を離れ、再び同じ病棟に戻ってくるという経験をしていた。グループ・インタビューでDさんは、現場に戻ってからの約一年間の出来事、言い換えると、臨床を離れる前の状態に戻っていくプロセスを語ってくれた。

D　最初は、入って、……まず患者さんがわかんないでしょう。要するに、動きながら考えるっていうのをしてないから、六年間。だから、情報が全部ばらばらに入って、統合できないんです、全然。全然統合できないとかって思って、新卒のように全部患者さんを書き出して、病気が何で、疾患が何で、こんなことをしてて、さすがに観察項目までは書き出さなかったけど（笑）。でも、いっこうにつながってこないなみたいな。それが、つながってないっていうのに、リーダーをやれって言われて。……それでも、言ってられないからリーダーを始めて、二ヶ月か三ヶ月ぐらいしたときに、何でしょうね、パッとつながる瞬間があったんですよ。あ、いけると思った瞬間があって、たぶんあれは、新卒でやっぱり、リーダーを秋に始めて、二年目の頭とか半ばぐらいの、ちょっとリーダー面白いって思い始めるようなあの時期の、あの瞬間がやっぱりあって。……それこそ、部屋（病室）に入ると、全部が見渡せる瞬間がやっぱりあって。（三回目、七頁）

Dさんは、情報が全部ばらばらに入って統合できないのは、「動きながら考える」ことをしていなかったためだと語る。しかし、そのばらばらな情報は、二、三ヶ月ぐらい経った頃に「パッとつなが」ったのだ。これは瞬時に起こったことのようであり、「部屋に入ると、全部が見渡せる」と言い換えもしている。動きとともに「見渡せる」（＝統合できる）ことは、先のCさんの「私動けている」経験にも通じているといえるだろう。

しかし、ここでDさんは、Cさんが語ったように自らの行為の能力性については言及していない。それは、Dさんが再就職をして経験したことが、すでに一度できていたことであり、再び実践を介してそれをやり直すなかで主題化されたことであるためであろう。語りのなかで「動きながら考えること」に触れてはいるが、Dさんの志向性は、ばらばらで統合できない情報、そしてその変化に向かっているのである。むしろ、情報がばらばらであることに、そのときのDさんの関心は引き寄せられていたのである。逆に、動けることはすでに、Dさんの実践に埋め込まれていたといっていいだろう。

もう一つ注目したいのは、Dさんが、単に見えるのではなく「統合」と「見渡せる」ことを強調している点である。この「見渡せる」は「感覚」として経験されたことであると、次のように語ってくれた。

私　何か今、面白いキーワードがいっぱいあった。……動きながら考えられていないからと言ったということは、逆に考えると、動きながら今考えることができてくる。後は昔の記憶もそうだけど、感覚が戻ってきたっていう、感覚とかって面白い。

D　そう、感覚なんですよ。で、最後にいけたって思ったのは、誰かの部屋に入ったときに、この人怪しいって思って（笑）。いや、みんなにとってたぶん当たり前の感覚なんだけど、初めて入ったその部屋に、え、この人、何か怪しいって思って、それこそ違うチームの患者さんが戻ってきて、「ねえ、あの人、怪しくない？」って言ったら、「そうなんですよ。一見普通なんだけど、超怪しいです」って……言って、これこれかくかくしかじかでみたいな話になって、あ、やっぱり怪しかったんだと思ったときに、完全に戻ったなって自分で思ったんですよね。やっぱり感覚っていうか、その怪しいっていうのは、ちょっと（不穏になる）危険とかそういう意味での怪しいだったんですけどね。目が合った瞬間に、この人怪しいって。

私　それは、それまで見ていなかった患者さん？

D　見ていなかった患者さんです。

私　何なんだろう。そういう感覚というか、それって何なんだろうなっていうことがあるんですかね。

B　ちなみに、その感覚はわかるんですけどね。それが何なのか。
D　そう、そう、そう。(三回目、七-八頁)

ここで注目したいのは、Dさんが「最後にいけた」つまり六年前の感覚に戻ったときの、その感じ方である。Dさんは、それまで担当をしていなかったある患者さんの部屋に入ったとき、瞬時に「この人怪しい」と思う経験をした。そしてあえて、この経験を「たぶんみんなにとって当たり前の感覚」だと断り、その自らの感覚をともに働く看護師に確かめた。その際、皆と同じように感じていたことがDさんに、「最後にいけた」と思わせている。ここでは、皆にとって当たり前の感覚、それを感じることがDさんにとって、ある専門家の見方、感じ方に戻ったこととして意味づけられている。そうであれば、Dさんたち看護師は、患者にかかわりながら、その患者の状態の見方をつねに「みんな」の見方と摺合せ、その差異の確認を通して、自分の見方、統合の仕方をつくっていたといえるだろう。だからこそ、みなに「怪しくない?」と尋ね、同じ見方をしていたことが確かめられると「やっぱり」と語るのである。この「やっぱり」は、みなも同じように見ている(感じている)可能性を先取りしていたことを物語っているのである。[15]

もちろん、ここでの「この人怪しい」感覚は、既にDさんの語った、情報が「ばらばら」で「つながってない」状態の現われではない。すでに、情報のつながりは志向されておらず、「怪しい」という未来の可能性を孕んだ状態が瞬時にDさんの感覚に浮かび上がってきたのである。

このように考えると、Dさんたち看護師は、一人ひとりが患者の状態を観察しながらも、ともに働く看護師であればこの状態がどのように見えているのか（感じているのか）を気にかけ、それがわかるようになっているのだ。が、それ自体が実践のなかで自覚され難くなってもいる。逆にいえば、自分の見方のなかに「みんな」のそれが反映していることを、「できる」が身体化しているDさんたちは知っているのである。それゆえ、複数人での協働実践が、明確に分節化された思考や言葉を介さずに成り立ちうるのであろう。言い換えると、この構造で「私はできる」というある種の能力性が身体化しているのであれば、一人で患者と接した際にも、「私はできる」だけではなく、「私たちはできる」、「みんなとともに私はできる」を経験しているのかもしれない。「私はできる」は、「私たちはできる」を内包しているのであるから。

五・五　触媒としてのフッサールの志向性概念

第五節では、第四節で提案された「私はできる」という能力性が、「困ったけど困ってしまわない」実践を支えているという分析に触発されて、再度事象に立ち返って、それがいかに身体化され、実践を成り立たせているのかを記述してきた。この作業によって、これまで見落としていたこと、関連づけて見えていなかったことが、浮かび上がってきたように思われる。

［15］ここでの「同じように見る」は、「危なそう」という病室に入った瞬間に見えてくる患者の状態を同じように見ていることを語っているのみで、必ずしも、他の看護師がいつも同じように見えたり思考したりしていると言っているわけではない。また、ここでの「危なそう」は瞬時に捉えられたと言ってはいるが、それは特異な感覚なのではなく、Dさんも語っているように、経験を積んだ看護師たち皆に感じられている、ある種の患者の状態であることを断っておきたい。

フッサールの志向性概念の考察と、それを手がかりにした看護実践の分析から与えられたのは、新たな分析の視点である。それが第二節の分析で見出され難かったのは、「私ができる」という能力性が、身体化された「先述定的」な営みであったためであろう。それは、未来をも先取りした状態が分節化して見えてくる、その背後で働き出していたために、主題化して語られていなかったのだ。しかし、こうした能力性の可能性を知りつつグループ・インタビューの語りに立ち返ると、新人看護師であった頃の経験や、再度働き始めた時にやり直した経験の語りに埋め込まれていた、未だ身体化されていない（＝意識的に語り出された）「動けていた」、「私動けている」が見出され、それが実践の経験を介していかに身体化されうるのかを浮かび上がらせることに繋がった。

現象学の概念は、それを使用して事象を説明するためにあるものではなく、記述者が事象へと分け入っていくその切り口を与えてくれるものであり、再分析へと導いてくれる可能性のある、いわば触媒のような機能をもっていると、この論考を通して確認した。

（榊原哲也）

六　看護実践からの現象学に向けて

第二節での看護実践の記述分析に対する第四節でのフッサール現象学の視点からの現象学的考察に促され、これに応答する形で、第五節では再び看護事象に立ち戻って二つの論点に関して記述分析と考察がなされた。これらの考察は、フッサールの志向性概念に照らしたとき、私たちをさらなる現象学的考察へと促してくれる。本節で考察したいのは、能力性の身体化とその自覚との関係、ならびにその能力性がもつ間主観的ないし間身体的性格という、いずれもフッサールが十分には展開しきれなかったテーマである。

最終節の本節では、これらの点について、フッサール現象学に基づきつつもそれを超えんとする若干の考察を行う。そのことによって、看護実践の構造の記述分析がフッサールの志向性概念と「対話」することで開かれる〈看護実践という事象そのものの方からの現象学〉の可能性の一端を描き出すことができれば、と思う。

六・一　能力性の身体化とその自覚

私たちは、第二節で記述された看護師四人がわっと動き始めた患者を押さえた看護行為を、第三節で概観されたフッサールの意志と行為の現象学における志向性概念をもとに、第四節で次のように分析していた。すなわち「わっと動き始めた患者は、看護師たちにとって、たとえ「転ばすわけにはいかない」状況であると思考によって明確に分節化された形で判断されていなくとも、〈押さえる行為を動機づける、言語的に未分節ではあるが差し迫った意味・方向性〉を帯びていた」はずであり、「患者がそのような、いわば「先述定的」な意味を帯びて現出したのは」、すでに「看護師たちが医学的・看護学的知識や経験的実践知・技能を身につけ、それが「私はできる」という能力性として身体化されていたから」であると。

けれども第五節では、この分析を、さらに看護実践という事象そのものに立ち返って吟味することによって、この「私はできる」という能力性が、一連の実践を完了した後に「できていた」という仕方で自覚されたり、実践行為の最中に「できている」という仕方で自覚されるという側面が、明らかになってきた。そうすると、これらの場合、「私はできる」という能力性の身体化を、その能力性の自覚と考えると、確かに、「何らかの行為を始める前に……「できる」という能力性が経験されているわけではない」、つまり能力性の身体化がすでになされていたわけではないように思われるわけである。

この洞察はしかし、〈能力性の身体化という能力性の形成ないし発生のプロセス〉と、〈この能力性の自覚〉とが、現象学的に明確に区別されるべきことを教えてくれているように思われる。というのも、フッサールの発生的現象学の観点からすれば、「ちゃんと動けていた」ことが後から振り返って自覚されたり、「何かあれ、動けてるじゃん」と行為の最中に自分の「できる」に気づけたりすることができるためには、それらの自覚以前に潜在的な仕方で能力性が形成され、身体化されていなければならないと考えられるからである。実際、この発生的現象学の観点から振り返ると、第五節においても、「困ったけど困ってしまわない」実践においては、「先取りされた未来の状態が主題化され」、能力性そのものは背景に退いて表立って経験されない事態が明らかにされていたが、それは、この能力性がすでに身体化されて、「コントロールできている実践を支える能力性」になっているからであった。能力性がすでに形成され身体化されていればこそ、「私はできる」のそのつどの実践が可能になり、その自覚も成り立つと、ひとまずはそう考えられるのである。

けれども、事態はこれで解明しつくされたといえるだろうか。第五節の分析――とりわけCさんの新人の頃の経験に関する分析――は、能力性がすでに形成されているのではなく、まさにそこで身体化する、いわば〈生き生きした発生〉の場面では、事態がそのような必然的な時間的前後関係においてではなく、むしろ、〈能力性の潜在的な形成ないし発生のプロセス〉も〈その自覚〉も、まさに進行中の行為のさなかで相互に絡み合って生起する、そのような可能性を示唆してはいないだろうか。このとき生起している事態を、第五節で私たちはさらに、「Cさんにとって「私動けている」は、患者の状態が広い視野で「危なそう」というある種の判断を孕んで見えるようになること」であり、「見えるという世界の分節化」でもあると考察した。この場合、「動きつつ動くこと自体」のうちで「見える」という「できる」が可能になり、それが同時に「自覚」される。とすれば、ここで生起しているのは、あの西田幾多郎のいう「行為的直観」とそこで生起する「自覚」にきわめて近い事態なのではなかろうか。看護師たちの語りには、「未だ身体化されていな」かったからこそ「(自覚的に語り出された)「動けていた」」、「私動けている」」が埋め込まれていたのであり、それは行為のただなかで身体化とその自覚が同時に生起している事態を示している。看護実践の記述分析は、このように、事象そのものの方から、フッサールの意志と行為の現象学を西田哲学へと接続する可能性をも示唆しているように思われるのである。

六・二　能力性の間主観性／間身体性

もう一つの論点は、「私はできる」という能力性に内含されている「私」と「私たち」との関係である。

私たちは第四節において、看護実践のような他者たちと協働での「行為しつつ意志すること」の記述には、事象そのものからして、間主観的に「意志の方向」がいかに保持されていくのかについての現象学的記述と分析が必要なのだが、私たちが取り上げたフッサールの「意志」と「行為」の現象学にはその記述と分析が欠けていたことを指摘しておいた。そうした記述と分析を行う場合、第二節第四項末尾で示唆されたように、個々の看護師が「患者や病棟をコントロールする主体」となってはおらず、他の看護師や医師の志向性を引き継ぎつつ、次の勤務者にも引き継がれていくような間主観的な協働実践の志向性が明らかにされなければならないであろうことも、私たちは指摘しておいたのであった。

これを受けた第五節では、再びDさんの看護実践という具体的事象そのものに立ち返って、Dさんの「私はできる」という能力性の内に、自分のみている患者の状態が「ともに働く看護師であればどのように見えているのか〔…略…〕がわかる」能力性が含まれていることが明らかにされた。「看護師は、患者とかかわりながら、その患者の状態の見方をつねに「みんな」の見方と擦合わせ、その差異の確認を通して、自分の見方、統合の仕方をつくって」いる。このようなプロセスを通じて「私はできる」という能力性が形成され・発生するがゆえに、自分の見方のなかには、他の看護師たちの見方がつねにすでに反映されており、「複数人での協働実践が、明確に分節化された思考や言葉を介さずに成り立ち得る」のである。ひとたび先取りされた目指すべき未来の状態が、更新される開かれた可能性をもつことも、このような間主観的な協働のなかで、未来の先取りを支える「私はできる」の能力性そのものが「私たちはできる」へと擦り合わされつつ、発生することと深く関係しているのではないかと思われる。

ここでフッサール現象学に再び眼差しを向けてみると、コミュニケーションに関してではあるが、『イデーンⅡ』の草稿を執筆・推敲しつつ発生的現象学への歩みを進めていた当時のフッサールが次のように述べていたことに、私たちは想到する。

個々の主体が開かれた地平をともなった各々の周囲世界をもつように、コミュニケーションする複数の主体もある共通の周囲世界を「彼らの」周囲世界としてもっている。個々人は誰もが自分なりの感性をもち、自分なりのさまざまな統覚と持続的統一をもつが、コミュニケーションする複数人もいわば一つの感性をもち、一つの持続的統覚と、その相関者として未規定性の地平をともなった一つの世界をもつのである。私は見たり聞いたり経験したりするが、ただ単に私の感官でそうするのではなく、他者の感官でももって見たり聞いたり経験したりする。そして他者も、自分の感官で経験するだけでなく、私の感官でも経験するのである。〔…略…〕各々の個別主体が（他の人々にも妥当するような）経験統一を一人で獲得するのは、各々の個別主体が他者たちを通して経験するからであり、また〈自分を通して他者たちが自分と同じ世界を経験しつつ、それを同じ世界として認識しうること〉を、各々の個別主体が知っているからである。（Hua XIV, 197）

コミュニケーションする複数の人びとは、各人が自分なりの感性をもつとともに、誰もが（「みんな」が）いわば同じ感性をもって同じ世界をみてもいる。私は単に私の感官でものを見たり経験したりするだけでなく、他者たちの感官を通してそれらを見たり経験したりもしている。いや、第五節での考察を踏まえるなら、私は自分の感官で物を見たり経験したりするだけではなく、つねに、「みんな」（つまり「私たち」）の感官を通して見たり経験したりしてもいるのである。他者たちにも妥当するような経験が自分のなかで成り立つのは、まさに自分が、つねにすでに自ずから構成されている「みんな」（私たち）の感性と持続的感覚を通してそれを経験するからなのである。[16]

フッサールは同じ時期の別の草稿で、「家族」の成員に関してではあるが、複数の人びとが、互いに自らの「機能」（役割）を自覚しつつ、相互にかかわり、相手の生と行為に入り込んでともに生きることを記述していた。「家族」という「生活共同体」においては、「努力する生の相互に関わり合う関係」が存在し、そこでは「ひとりの行為が別の人の行為の内に共に入り込み、どの主体も人格的な仕方で他者の生と行為に介入し、こうして他者の内で共に生き、多様な私と汝の関係において人格としての他者と一つになる。要するに、一つの統一が、一つの全体が構成される〔…略…〕。〔…略…〕ある自我の生が別の自我の生の内で共に生き、その中で共に関与しているのである」（Hua XIV. 178-179）。

　フッサールのこうした記述はきわめて抽象的で予定調和的な感があるが、今や私たちは、フッサールのこうした記述が第五節での看護実践の分析によって具体化されうることに気づく。いや、それどころか、第五節での事象に即した分析はさらに、「複数人が同じ感性をもち、同じ一つの世界を見る」ということや、「相手の生と行為に入り込んで共に生きる」という志向性の構造がいかにして動的に発生し、成立してくるのかという、フッサールが十分に展開したり記述したりしなかった点についても、一つの示唆を与えてくれていることが見てとれよう。「看護師は、患者とかかわりながら、その患者の状態の見方をつねにともに働く看護師の見方と擦合わせ、その差異の確認を通して、自分の見方、統合の仕方を作って」いるのであった。そこには、そうした擦り合わせのなかで、互いに修正したり、目指すべき統一が見直され、更新されたりする、動的かつ真に創造的なプロセスも含まれよう。しかも、このことは、看護実践に関してのみならず、複数人の間でのコミュニケーションや社会的行為一般にも、発生の一つの可能性として、妥当するように思われるのである。

七　終わりに

このように、本章における看護実践の記述分析とフッサールの志向性概念との対話は、一方で、フッサールの志向性概念が触媒の機能を果たして看護実践の記述分析に新たな分析の視点を与え、記述の可能性を新しく開いたり、分析をより精緻なものにしたりしうることを、また他方では、看護実践の記述分析がフッサールの志向性概念に具体的な事例を与えるとともに、その見直しとさらなる展開の可能性を切り開きうることを、その「対話」の実践を通じて示すことができたと思う。ここには、〈看護実践という事象そのものの方から立ち上がる新たな現象学〉の、少なくとも一つの可能性が、確かに示されているように思われる。

[16] したがって、第五節のDさんにとって、「完全に戻ったな」と感じられる以前の自分こそ、「みんな」に対する他者に他ならない。私に対して、ともに働く他の看護師たちがいるのではなく、私こそが、ともに働く「みんな」と同じように感じられない〈他なるもの〉として経験されるのである。

【文　献】

グループマン、J（二〇一一）『医師は現場でどう考えるか』、三沢恵子［訳］、石風社

西村ユミ（二〇一一）「看護ケアの実践知――「うまくできない」実践の語りが示すもの」、『看護研究』、第四四巻第一号、四九-六二

西村ユミ（二〇一六）『看護実践の語り――言葉にならない営みを言葉にする』新曜社

ノディングズ、N（一九九七）『ケアリング』、立山善康・林　泰成・清水重樹・宮崎宏志・新　茂之［訳］、晃洋書房

村上靖彦（二〇〇八）『自閉症の現象学』、勁草書房

メルロ=ポンティ、M（一九六七）『知覚の現象学1』、竹内芳郎・小木貞孝［訳］、みすず書房

メルロ=ポンティ、M（一九七四）『知覚の現象学2』、竹内芳郎・木田　元・宮本忠雄［訳］、みすず書房

Husserl, E. (1952=IV). *Ideen zu einer reinen Phänomenologie und phänomenologischen Philosophie, Zweites Buch, Phänomenologische Untersuchungen zur Konstitution*, herausgegeben von Marly Biemel, Husserliana Bd. IV, Haag: Martinus Nijhoff.

Husserl, E. (1973=XIV). *Zur Phänomenologie der Intersubjektivität. Texte aus dem Nachlass. Zweiter Teil: 1921-1928*, herausgegeben von Iso Kern, Husserliana Bd. XIV, Haag: Martinus Nijhoff.

Husserl, E. (1988=XXVIII). *Vorlesungen über Ethik und Wertlehre 1908-1914*, herausgegeben von Ullrich Melle, Husserliana Bd. XXVIII, Dordrecht / Boston / London: Kluwer Academic Publishers.

Sakakibara, T. (2012). The Intentionality of Caring, In A. Salice (ed.), *Intentionality. Historical and Systematic Perspectives*, München: Philosophia, pp.369-394.

あとがき

西村ユミ／榊原哲也

本書は、執筆者が関与してきた多様な看護実践や養護教諭としての実践、言い換えると、「ケア」ともいえる実践を、既存の枠組みを一旦脇において、事象そのものを捉え直すことにおいて開示することを試みたものである。この試み自体が、「現象学」をすることであり、また同時に、現象学を手がかりとした質的研究の成果である。

本書の編集を通して、事象のただなかに留まり、そこで丁寧に事象の絡まりを紐解いていく作業は、これまで気づいていなかった事象の成り立ちや構造を発見する機会を与えてくれ、同時に、現象学の概念に出会い直すことをも可能にしてくれることを、改めて実感した。

この、哲学である現象学と質的研究との関係はいかにあるべきなのだろうか。この問いを、私たちは幾度となく自らの作業のなかで反芻してきた。哲学やその概念を質的研究のプロセスや分析にたんに「応用」すること――そうした仕方で行われた質的研究がこれまでしばしば「現象学的研究」といわれてきた。しかし、そもそも現象学が、事象を開示する方法を事象そのものに学びつつ（「事象そのものへ」、「事象そのものの方から」）つくり出すことを重視しているにもかかわらず、現象学の概念だからといってこれを用いて事象を分析したのでは、現象学そのものを裏切ることになるのではないか。むしろ、事象が現われているインタビューデータなどのテキストを何度も読むなかで、分析の視点そのものが次第に浮かび上がってくる。これを手がかりに分析を進めると、細部の成り立ちがみえてくるのと同時に、経験全体の構造も露わになってくる。このとき、現象学の概念がその事象の記述のなかに透かし見える。また、これらの概念が次なる分析を可能にすることもある。それが本書に収められた諸論考の成り立ちの実際であった。

このように考えると、現象学という哲学は、本書の理論的背景として、つねに私たちの先入見を問い、経験の外側から知識を持ち込もうとするその行いを指摘し、ついつい科学の枠組みに陥りがちな私たちの思考を矯正してくれる、そのような役割を担うものであるといえるのではないか。現象学のテキストを長く読んできたが、本書の編集を通して、改めてこの点を重視することの意味を確認できた。

そして、そうであれば、現象学的研究の成果も、応用される知見として見出されているのではなく、それとは別の方法で読み手に伝わっていくものであることが求められる。実際に読んでいただくとわかると思うが、ある文脈のなかでいかに出来事や実践がある意味をもって立ち現われるのかが記述されると、それに触れることによって、触れる者の経験が触発されて、その意味の更新が始まる。読み手にとっての経験が、新たな意味をもって捉え直されるのである。私たちは、全く同じ経験をすることはできない。同じような経験をしたとしても同じ意味をそれがもつわけではない。それゆえ、本書で紹介した記述も、読み手が同じ経験をすることを期待して書かれているのではない。意味の成り立ちに同伴してもらうことで、読者の経験を触発し、それが新たな意味をもって浮かび上がることを期待している。

こうした経験の記述の取り組みは、新しい活動にもつながっている。応用人間科学の院生のなかに、現象学的研究にチャレンジした者が現われた。それ以外にも複数人が、同じ時期に現象学的研究を学べる場所を希望してきた。そこから生まれたのが、「臨床実践の現象学研究会」である。二〇〇九年から始め、今も、月一回の研究会を欠かさずに行っている。また、二〇一五年八月には、この研究会を土台にして「臨床実践の現象学会」を設立した。編者の両方がこの活動にかかわり、充実した研究活動から多くを学びつつ、新たな現象学的研究が生まれてくるのを、さり気なく（のつもり）後押ししてきた。立命館大学大学院のゼミナールは教員の定年退職などによって今はないが、複数の研究会がその役割を引き継いでいる。

本書は、立命館大学大学院応用人間科学研究科の授業と演習に参加した多くの履修者の、ねばり強い研究活動のなかから生まれてきた。これを支え、またこうした貴重な機会を私たちに与えて下さった、林信弘先生、中川吉晴先生（同志社大学社会学部教育文化学科教授）、村川治彦先生（関西大学人間健康学部人間健康学科教授）には、この場をお借りして御礼を申し上げたい。もともと本書の企画は、立命館大学大学院応用人間科学研究科教授として長年院生の指導に尽力された故林信弘先生の発案による。本書を生前の林先生にお届けできなかったことは、痛恨の極みであるが、林先生をはじめ諸先生方との議論、そして毎週の親睦会がなければ生まれなかったはずの本書を、今は、林先生ご自身がこの世に遺して下さったのではないかとも感じている。

執筆者の研究は、多くの研究参加者の皆様のご協力があって実現した。長時間に及ぶ、あるいは複数回にわたるインタビューへのご協力、フィールドワークへのご協力、何度も、論文に目を通していただくなど、最後までご協力を頂いた。これらのご協力に感謝いたします。

ナカニシヤ出版の米谷龍幸さんには、何度も東京に足を運んでもらい、遅々として進まない本書の編集を、前進させる貴重なコメントを頂いた。長くにわたって支えて頂き、素敵な本にしていただいたことに御礼を申し上げたい。

二〇一七年八月

人名索引

事項索引

執筆者紹介（* は編著者）

榊原哲也*（さかきばら てつや）
東京大学大学院人文社会系研究科教授。博士（文学）
単著：『フッサール現象学の生成――方法の成立と展開』（東京大学出版会、2009 年）。
担当：第 1 章，第 10 章

西村ユミ*（にしむら ゆみ）
首都大学東京健康福祉学部看護学科教授。博士（看護学）
単著：『看護実践の語り――言葉にならない営みを言葉にする』（新曜社、2016 年）など。
担当：第 2 章，第 10 章

一宮茂子（いちのみや しげこ）
立命館大学生存学研究センター客員研究員。博士（学術）
単著：『移植と家族――生体肝移植ドナーのその後』（岩波書店、2016 年）。
担当：第 3 章

戸田千枝（とだ ちえ）
畿央大学助産学専攻科講師。博士（人間科学）
担当：第 4 章

藪内佳子（やぶうち よしこ）
立命館大学応用人間科学研究科修士課程修了、
元総合病院看護師
担当：第 5 章

田野中恭子（たのなか きょうこ）
佛教大学保健医療技術学部看護学科講師
担当：第 6 章

大西淳子（おおにし じゅんこ）
立命館大学応用人間科学研究科修士課程修了、
元公立小中学校養護教諭
担当：第 7 章

尾﨑雅子（おざき まさこ）
神戸常盤大学保健科学部看護学科教授
担当：第 8 章

村井みや子（むらい みやこ）
立命館大学応用人間科学研究科修士課程修了、
元公立病院看護師
担当：第 9 章

ケアの実践とは何か

現象学からの質的研究アプローチ

2017年9月30日　初版第1刷発行
2019年7月30日　初版第2刷発行
（定価はカヴァーに表示してあります）

編著者　西村ユミ
　　　　榊原哲也
発行者　中西　良
発行所　株式会社ナカニシヤ出版

〒606-8161　京都市左京区一乗寺木ノ本町15番地
Telephone　075-723-0111
Facsimile　075-723-0095
Website　http://www.nakanishiya.co.jp/
E-mail　iihon-ippai@nakanishiya.co.jp
郵便振替　01030-0-13128

装幀＝白沢　正／印刷・製本＝創栄図書印刷

ISBN 978-4-7795-1200-1